Aljoscha Schwarz
Ronald Schweppe

Heilen mit Mond und Sternen

VERLAG PETER ERD · MÜNCHEN

Die in diesem Buch aufgeführten Ratschläge wurden von Autor und Verlag sorgfältig geprüft. Eine Garantie bzw. Haftung kann jedoch nicht übernommen werden.

1. Auflage 1998
Umschlagfoto: Photonica, Hamburg
Satz: CN-Satzstudio, Aichach

ISBN 3-8138-0447-X

Inhalt

Vorwort

Gehören Sie auch zu den Menschen, die den Vollmond ganz deutlich am eigenen Leib spüren? Fällt es Ihnen in Vollmondnächten schwerer, einzuschlafen oder ruhig durchzuschlafen? Oder werden Sie an Neumondtagen von undefinierbaren Ängsten gequält?

Wenn das der Fall ist, so zeigt das, daß Sie sich trotz der allgegenwärtigen Einflüsse unserer technischen Zivilisation eine überdurchschnittliche Sensibilität und Verbundenheit mit der Natur bewahrt haben. So gesehen, könnten Sie auf Ihre Schlafstörungen sogar ein wenig stolz sein! Leider spüren die meisten Menschen den Mond nur als negative Kraft, die sie um ihren Schlaf bringt – dabei steckt der Mond seit Anbeginn des Lebens in uns, und wir könnten großen Nutzen daraus ziehen, *mit* anstatt *gegen* seine Kräfte zu leben.

Vor einigen Jahren wurden Menschen, die empfindlich auf die verschiedenen Phasen des Mondes reagierten, meist noch als etwas neurotisch belächelt oder gar für verrückt erklärt. Heute zeichnet sich eine gewisse Wende in den Auffassungen ab. Auch wissenschaftlich (noch) nicht beweis- und erklärbare Phänomene werden als real erkannt; es setzt sich die Erkenntnis durch, daß nicht alles, was wirklich ist, auch meßbar und wägbar sein muß. Es wird immer deutlicher, daß wir mehr *fühlen* als wissen können.

Unsere Vorfahren, die wesentlich stärker *mit* der Natur lebten als *gegen* sie, fühlten jedoch den Mond nicht nur, sie *wußten* um die Kräfte des Mondes. Dieses Wissen war sehr nützlich: Der Mond gab ihnen beispielsweise die günstigsten Zeitpunkte für Aussaat und Ernte an – was zu Zeiten, als die Nahrungsmittel noch nicht im Supermarkt »wuchsen«, von großer, vielleicht sogar lebenswichtiger Bedeutung war. Ebenso wichtig war der Mond für die Heilkunde. Der Stand des Mondes zeigte den Kundigen die günstigen und ungünstigen Zeiten für den Einsatz von Heilmitteln und für die Behandlung von Krankheiten, gab Auskunft über den rechten Zeitpunkt für Operationen und Phasen besonderer Sensibilität und Aufnahmefähigkeit.

Diese Kenntnisse schienen immer unwichtiger zu werden, als die moderne wissenschaftliche Medizin ihren Siegeszug antrat, und vieles von dem Wissen unserer Vorfahren ging im Laufe der Zeit verloren. Doch glücklicherweise besinnen sich heute immer mehr Menschen auf das alte Wissen und suchen nach natürlichen Wegen, mit sich und ihrer Umwelt umzugehen. Gerade im Bereich der Heilkunde wird das deutlich sichtbar.

Trotz der unbestreitbaren Errungenschaften der modernen Medizin wenden sich viele Menschen – insbesondere solche, die an chronischen oder schwer einzuordnenden Beschwerden leiden – alternativen Heilmethoden zu. Das rührt daher, daß neben den Vorzügen auch immer mehr die Grenzen und Nebenwirkungen einer Medizin offenbar werden, die schon lange keine Heil*kunst* mehr ist, sondern vielmehr eine Heil*technik*.

Wenn wir uns heute wieder auf die Kräfte des Mondes zurückbesinnen, entdecken wir, daß sich das alte und das neue Wissen keineswegs widersprechen müssen. Der Mond kann uns dabei helfen, die günstigsten Zeiten für konventionelle wie auch für alternative Heilbehandlungen, für Arzttermine und Operationen, für gesundheitsfördernde und aufbauende, für reinigende und entgiftende Maßnahmen zu finden. Und indem wir auf diese Art und Weise *mit* dem Mond leben, kommen wir der Natur, auch unserer eigenen Natur näher, fühlen uns wohler, freier, gesünder, glücklicher; und lernen ganz nebenbei, das Leben mehr zu genießen – eine Nebenwirkung, mit der wir doch ganz gut leben können.

In diesem Buch werden wir Ihnen zeigen, was Sie mit Hilfe des Mondes für Ihre Gesundheit tun können, wie sich der Stand des Mondes auf den Körper auswirkt, wann welche Medikamente und natürlichen Heilmittel am besten wirken, was Ihr Gewicht mit dem Mond zu tun hat und welche »geheimen« Mondheilmittel unsere Vorfahren kannten.

Der Mond kann wie ein Arzt sein; wenn wir seine Hinweise beherzigen und seinen Kräften vertrauen, wird es uns leicht fallen, unseren Gesundheitszustand zu verbessern. Der Mond ist, wenn wir bei der Analogie bleiben wollen, allerdings eher ein chinesischer als ein europäischer Arzt. Die Kräfte des Mondes »reparieren« uns nicht, sie unterstützen die unendlichen Kräfte, die in uns schlummern, den »inneren Arzt«.

In China heißt es: »Ein guter Arzt hat keine Patienten.« Das bedeutet, auf den Mond gemünzt, nicht etwa nur, daß der Mond keine Patienten hat. Ein guter Arzt hat keine (kranken) Patienten, da er sich schon *bevor* es zu Krankheit und Leiden kommt, darum sorgt, die natürlichen Abwehrkräfte zu stärken.

Wenn wir nur ein wenig mehr auf die natürlichen Rhythmen in uns und in der Natur achten, wenn wir die Kräfte des Mondes berücksichtigen, werden wir gar nicht erst so leicht krank werden – und wenn die schädlichen Einflüsse doch einmal so stark werden, daß es zu Krankheitssymptomen kommt, werden wir mit Hilfe des Mondes schneller Linderung und *wahre* Heilung finden.

Das Wissen über die Wirkungen des Mondes – das wußte schon der Urvater aller Ärzte, Hippokrates (460-375) – sollte zum medizinischen Grundwissen gehören. Leider ist es aber heute noch nicht so weit, daß angehenden Ärzten dieses Wissen an der Universität vermittelt würde, und daher müssen Sie selbst die ersten Schritte machen und für sich selbst das tun, was die Schulmedizin (noch) nicht tut.

Mit diesem Buch wollen wir Ihnen dabei helfen, Ihre Gesundheit auf natürliche Art und Weise zu verbessern und zu erhalten und nebenbei Ihren inneren Rhythmen ein wenig näher zu kommen. Übertriebene Pedanterie und allerstrengstes Beachten von Regeln ist dabei nicht so wichtig. Vor allem aber ist es nicht notwendig, sich zu *bemühen* oder sich *anzustrengen*. Ein Anzeichen dafür, daß wir etwas *mit* den Rhythmen der Natur tun, ist ja gerade, daß es dann einfacher geht! Auf die Gesundheit angewandt, bedeutet das, daß wir, wenn wir die Kräfte des Mondes beachten, die auf unseren Körper wirken, nichts *Zusätzliches* tun, sondern, daß wir unserem »inneren Arzt« folgen, der genau weiß, was gut für uns ist. Mit dem Mond zu leben heißt auch, Intuition zu entwickeln.

Und nun wünschen wir Ihnen eine spannende Reise durch die Welt der »Heilmittel des Mondes«!

Aljoscha A. Schwarz und *Ronald P. Schweppe*

Der Mond am Himmel

Wenn zwei gute Freunde sind,
die einander kennen,
Sonn' und Mond begegnen sich,
ehe sie sich trennen.
Clemens Brentano

Der Mond erscheint vielen Menschen so lange schon als unwichtig, daß sie mit dem Lauf des Mondes am Himmel kaum vertraut sind. Sie wissen natürlich, daß manchmal Vollmond herrscht und manchmal nur eine Mondsichel zu sehen ist – aber ob der Mond gerade ab- oder zunimmt, können sie schon nicht mehr erkennen. Nun ist das ja auch verständlich: Wie sollen sie es wissen, wenn sie in einer Stadt aufgewachsen sind, kaum jemals einen klaren Himmel gesehen oder gar den Mond beobachtet haben.

Deshalb möchten wir, bevor wir über die *Wirkungen* des Mondes auf unsere Gesundheit sprechen, zunächst einmal versuchen, die astronomischen Tatsachen, die den Mond betreffen, einigermaßen verständlich zu machen. Was wir kennen, erscheint uns ja gleich interessanter und wenn wir mit einigen astronomischen Kenntnissen ausgestattet sind, wird der Blick zum Firmament sicherlich spannender und wir sehen den Mond vielleicht mit neuen Augen.

Die Mondphasen

Seit es Menschen gibt, hat sie wohl der regelmäßige Wechsel zwischen dem scheinbaren »Abnehmen« und »Zunehmen« des Mondes in seinen Bann gezogen. Viele alte matriarchalische Religionen und Fruchtbarkeitsriten beziehen sich direkt auf die Mondphasen, die den ständigen Kreislauf des Werdens und Vergehens so augenfällig am Himmel demonstrieren.

Wir wissen heute natürlich, daß der Mond seine Form in Wirklichkeit nicht verändert, doch die wenigsten Menschen könnten auf Anhieb erklären, wie denn nun die Mondphasen zustande kommen.

Der Mond leuchtet nicht. Das mag vielleicht widersinnig klingen, doch in der Tat hat der Mond kein eigenes Licht, sondern reflektiert lediglich das Sonnenlicht. Wir könnten also sagen, daß das Mondlicht in Wirklichkeit Sonnenlicht ist!

Die unterschiedlichen Formen des Mondes, die *Mondphasen*, kommen dadurch zustande, daß die Sonne den Mond aus unterschiedlichen Winkeln beleuchtet. Wenn wir eine Kugel beleuchten, ist stets eine Hälfte im Licht und die andere im Schatten – so ist es auch beim Mond.

Wenn die (von der Erde aus nicht sichtbare) Rückseite des Mondes beleuchtet ist, sendet der Mond natürlich kein Sonnenlicht zur Erde und der Mond bleibt von der Erde aus gesehen dunkel: Es ist Neumond. Leuchtet die Sonne den Mond von der Seite an, sehen wir nur einen Teil der zur Erde weisenden Mondseite, eine Sichel, einen Halbmond oder ein »Ei«. Wenn die Seite des Mondes, die zur Erde zeigt, von der Sonne direkt beschienen ist, haben wir Vollmond.

Wir können den Lauf des Mondes, um ihn besser zu beschreiben, in Phasen einteilen. Die einfachste Art der

Einteilung ist die in zwei Phasen: Zunehmend und abnehmend. Noch etwas genauer ist die Einteilung in vier Phasen oder Quartale: Von Neumond bis zunehmendem Halbmond, vom Halbmond bis zum Vollmond, vom Vollmond bis zum abnehmenden Halbmond und schließlich vom abnehmenden Halbmond bis Neumond– der Kreis schließt sich.

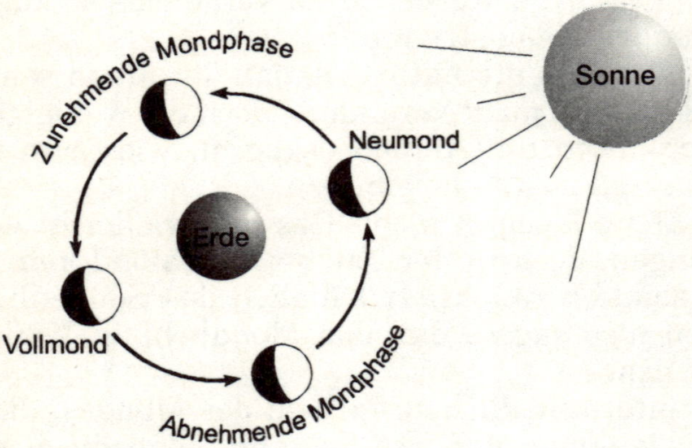

Erstes Quartal ● – ☽

Bei Neumond stehen Mond und Sonne am Himmel nahe beieinander, so daß die Sonne die von der Erde aus nicht sichtbare Rückseite des Mondes beleuchtet. Im Kalender finden wir an Neumondtagen einen schwarzen Kreis ●. Der Neumond ist der Wendepunkt, an dem der Winkel zwischen Sonne und Mond am geringsten ist. Von nun an wächst dieser Winkel und der Mond beginnt, zuzunehmen.

Die Gezeiten sind bei Neumond besonders stark (Springtiden), da Sonne und Mond mit ihrer Schwerkraft in dieselbe Richtung »ziehen«.

Der Mond ist in den Tagen nach Neumond unsichtbar, weil die Sonne nur seine Rückseite erhellt und der Mond überdies auch noch tagsüber am Himmel steht. (Weil der Mond bei Neumond ungefähr an derselben Stelle am Himmel steht, wie die Sonne, steht er übrigens auch im selben Sternzeichen!) Der Mond geht ungefähr um dieselbe Zeit auf wie die Sonne, und auch der Monduntergang fällt etwa mit dem Sonnenuntergang zusammen.

Nach wenigen Tagen erscheint eine schmale Mondsichel mit einem rechtsläufigen Bogen ☽, die, solange es noch Tag ist, kaum zu erkennen sein wird; doch am Abendhimmel ist sie ohne weiteres einige Stunden nach Sonnenuntergang zu beobachten. Von Tag zu Tag wird die Sichel nun dicker.

Zweites Quartal ☽ – ○

Die Sonne bescheint den Mond etwa 7 Tage nach Neumond von der Seite (etwa in einem rechten Winkel). Kalender, die die Mondphasen aufführen, zeigen an diesem Tag eine rechtsläufige Sichel ☽. An diesem Tag ist aus der Sichel ein Halbmond geworden, der (auf seiner linken Seite) weiter zunimmt.

Mond und Sonne stehen nun am Himmel schon relativ weit voneinander entfernt. Die Gezeiten sind daher zu Beginn des 2. Quartals besonders schwach (Nipptiden), da Sonne und Mond sich in ihren Schwerkraftwirkungen teilweise aufheben.

Der Mond geht etwa um die Mittagszeit herum auf und ist tagsüber bei klarem Himmel zu sehen, wenn auch sehr matt. Um Mitternacht herum versinkt der Mond dann wieder am Horizont. Je näher sich der Mond seiner Fülle nähert, desto später geht er auf und unter.

Drittes Quartal ○ – ☾

Ungefähr 14 Tage nach Neumond herrscht Vollmond. Der Mond steht der Sonne jetzt gegenüber, so daß die Seite, die der Erde zugewandt ist, voll im Licht liegt – und dieses Licht scheint die Nacht über auf die Erde (oder die Wolken...). Im Kalender erscheint der Vollmond als leerer Kreis ○.

Sonne und Mond, die sich gegenüberstehen, rücken nun allmählich wieder aufeinander zu, und der Mond beginnt wieder abzunehmen.

Die Gezeiten sind bei Vollmond ebenfalls, wie bei Neumond, besonders deutlich ausgeprägt (Springtiden); zwar stehen Sonne und Mond entgegengesetzt, dafür wird die Schwerkraftwirkung des Mondes jedoch durch die Fliehkraft, die durch den Lauf der Erde um die Sonne entsteht, verstärkt.

Der Mond steht bei Vollmond der Sonne entgegen und geht daher bei Sonnenuntergang auf, scheint die ganze Nacht und geht bei Sonnenaufgang wieder unter. Von Tag zu Tag geht der Mond jedoch später auf, hat wieder ein wenig mehr abgenommen und versinkt erst einige Zeit nach Sonnenaufgang wieder hinter dem Horizont.

Viertes Quartal ☾ – ●

Die Sonne bescheint den Mond etwa 7 Tage nach Vollmond wieder von der Seite (und wieder etwa in einem rechten Winkel) – doch diesmal wird der Halbmond von der anderen Seite beleuchtet. Kalender, die die Mondphasen aufführen, zeigen an diesem Tag eine linksläufige Sichel ☾. Aus der Sichel ist ein Halbmond geworden, der (auf seiner rechten Seite) weiter abnimmt.

Mond und Sonne stehen nun am Himmel wieder weit voneinander entfernt. Die Gezeiten sind daher zu Beginn des 4. Quartals wieder besonders schwach (Nipptiden), da Sonne und Mond sich in ihren Schwerkraftwirkungen teilweise aufheben.

Der Mond geht etwa um Mitternacht – doch mit jedem Tag später – auf und erst gegen Mittag wieder unter. Jede Nacht wird der Mond dünner; er nimmt immer mehr ab, bis schließlich, etwa drei Tage vor Neumond, die schmale Sichel zum letztenmal sichtbar ist.

Traditionell sind die vier Mondphasen auch unter anderen Namen bekannt – die allerdings etwas verwirrend sind, da Neumond und Vollmond nicht punktuelle Ereignisse, sondern auch Phasen bezeichnen. In der folgenden Tabelle haben wir die Bezeichnungen einander gegenübergestellt:

Symbol	**Quartale**	**Traditionell**	**ab/ zunehmend**	**Winkel Sonne/ Mond**
●	1. Quartal	Neumond	zunehmend	0-90°
☽	2. Quartal	Erstes Viertel	zunehmend	90-180°
○	3. Quartal	Vollmond	abnehmend	180-270°
☾	4. Quartal	Letztes Viertel	abnehmend	270-360°

Der Mond im Tierkreis

Wenn wir den Mond öfters einmal beobachten, werden wir feststellen, daß nicht nur seine (sichtbare) Größe wechselt, sondern auch seine Höhe am Himmel – wie die der Sonne, die zu Beginn des Winters am tiefsten steht und zu Beginn des Sommers am höchsten. Im Gegensatz zur Sonne verändert der Mond seine Höhe am Himmel aber nicht in einem (Sonnen-)Jahr, sondern in einem (Mond-) Monat – es gibt also nicht nur Jahreszeiten, sondern auch »Monatszeiten«. Der Mond durchläuft also eine Art »kleines Jahr«.

Um den Stand eines beweglichen Himmelskörpers (Sonne, Mond und Planeten) vor dem Sternenhintergrund besser beschreiben zu können, teilten die Astronomen vor Tausenden von Jahren den Himmel in zwölf Segmente ein, denen sie, um sie sich besser merken zu können, die Namen von Tieren gaben, Tieren, die mit etwas Phantasie zu sehen sind, wenn man zwischen bestimmten Sternen imaginäre Linien zieht. Wir können den Tierkreis mit den Ziffern auf dem Zifferblatt (dem Himmel) einer Uhr vergleichen; der Zeiger dieser Uhr ist der Mond.

Wenn wir mit dem Sternenhimmel nicht sehr vertraut sind, können wir durch Beobachtung nicht so leicht herausfinden, in welchem Tierkreiszeichen der Mond gerade steht – zumal sich die Konstellationen im Laufe der Jahrtausende verschoben haben und die Sternzeichen nicht mehr dort stehen, wo sie einst standen. Die Himmelssegmente, die mit ihnen bezeichnet wurden, sind aber heute natürlich dieselben wie früher. Der Zeiger einer Uhr zeigt ja auch die richtige Zeit an, wenn wir das Zifferblatt drehen, so daß 5 Uhr bei 6 Uhr steht usw. Wenn wir nur wissen, wo bei der Uhr oben ist, können wir die Zeit dennoch ohne weiteres ablesen.

Auch ohne einen Blick auf den Himmel (oder einen Mondkalender) zu werfen, können wir ungefähr abschätzen, in welchem Tierkreiszeichen der Mond steht. Bei Neumond befindet sich der Mond nämlich immer im selben Tierkreiszeichen wie die Sonne. Und das Zeichen, in dem die Sonne steht, kennen Sie wahrscheinlich: Mit »Sternzeichen« meinen wir stets das, in dem die Sonne bei unserer Geburt stand.

Sonne im Zeichen	**Zeitraum**
Widder	21.3.-20.4
Stier	21.4.-20.5
Zwillinge	21.5.-21.6.
Krebs	22.6.-22.7.
Löwe	23.7.-22.8.
Jungfrau	23.8.-22.9.
Waage	23.9.-23.10.
Skorpion	24.10.-21.11.
Schütze	22.11.-21.12.
Steinbock	22.12.-19.1
Wassermann	20.1.-11.2
Fische	12.2.-20.3

Während die Sonne etwa einen Monat lang in einem Zeichen steht, hält sich der Mond nur etwa zwei Tage und sieben Stunden in einem Zeichen auf. Bei Neumond steht der Mond in demselben Zeichen wie die Sonne. 2,3 Tage später steht er im nächsten Zeichen, 4,6 Tage später im übernächsten usw.

Der 6. Januar 2000 ist ein Neumondtag. Anfang Januar steht die Sonne – und damit ja bei Neumond auch der Mond – im Zeichen Steinbock. 2,3 Tage später steht der Mond im Wassermann, 4,6 Tage später in den Fischen.... es ist also gar nicht so schwierig.

Aber bevor Sie zu rechnen beginnen: Ein Blick auf den Mondkalender ist dann doch noch einfacher. Auf den letzten Seiten finden Sie einen solchen Kalender für die nächsten Jahre.

Der Zusammenhang zwischen Mondphasen und Tierkreiszeichen

Jede Mondphase kann mit jedem Tierkreiszeichen zusammentreffen – deshalb mag es zunächst scheinen, daß Mondphasen und Tierkreiszeichen völlig unabhängig sind. Wenn wir jedoch genauer beobachten, wird uns auffallen, daß der Mond in einem Tierkreiszeichen in einer Hälfte des Jahres zunimmt und in der anderen Hälfte abnimmt. Außerdem stehen der Vollmond und der Neumond jeden Monat in einem anderen, aber jedes Jahr im gleichen Zeichen. Diese Regel stimmt nur grob; genauer wird es, wenn wir statt der Monate die Zeiten nehmen, in der die Sonne in einem bestimmten Tierkreiszeichen steht (vgl. die obige Tabelle).

Wenn der Mond beispielsweise im Wassermann steht, wird er von August bis Februar stets zunehmen und von Februar bis August stets abnehmen. Im August steht der Vollmond im Wassermann und der Neumond im Februar.

In der folgenden Tabelle sehen Sie, wann welches Zeichen auf den zunehmenden und wann es auf den abnehmenden Mond fällt. Im ersten Monat des zunehmenden Mondes trifft das jeweilige Zeichen auf den Vollmond ○, im ersten Monat des abnehmenden Mondes auf den Neumond ●.

Tierkreiszeichen		im zunehmenden Mond		im abnehmenden Mond	
		○	☽	●	☾
Widder	♈	Oktober	bis März	April	bis September
Stier	♉	November	bis April	Mai	bis Oktober
Zwillinge	♊	Dezember	bis Mai	Juni	bis November
Krebs	♋	Januar	bis Juni	Juli	bis Dezember
Löwe	♌	Februar	bis Juli	August	bis Januar
Jungfrau	♍	März	bis August	September	bis Februar
Waage	♎	April	bis September	Oktober	bis März
Skorpion	♏	Mai	bis Oktober	November	bis April
Schütze	♐	Juni	bis November	Dezember	bis Mai
Steinbock	♑	Juli	bis Dezember	Januar	bis Juni
Wassermann	♒	August	bis Januar	Februar	bis Juli
Fische	♓	September	bis Februar	März	bis August

Nachdem wir ja jetzt über den Mond einigermaßen Bescheid wissen, wollen wir uns nun endlich dem eigentlichen Thema unseres Buches widmen: Dem Einfluß des Mondes auf unseren Körper und unsere Seele, und wie der Mond uns helfen kann, unsere Gesundheit zu erhalten und zu verbessern.

Wie der Mond unseren Körper beeinflußt

Im Vorwort haben wir schon den griechischen Arzt Hippokrates (460-375) erwähnt, den »Vater der Medizin«, auf den die Ärzte heute noch ihren *hippokratischen* Eid schwören. Für ihn wäre es undenkbar gewesen, eine Heilbehandlung zu beginnen, ohne dabei Rücksicht auf den Mond zu nehmen oder gar eine Operation durchzuführen, wenn der Stand des Mondes ungünstig war.

Unser gesamter Organismus schwingt im Rhythmus des Mondes. Zu gewissen Zeiten im Mondlauf sind gewisse Organe und Körperteile sensibler für alle positiven und negativen Einflüsse. Mal unterstützt der Mond eine Heilmaßnahme, manchmal wirkt er ihr entgegen.

Im Laufe dieses Kapitels werden Sie die wichtigsten Wirkungen des Mondes auf unseren Körper kennenlernen. Aus diesen »Gesetzmäßigkeiten« können Sie eigentlich alles andere, was den Mond, die Heilmittel des Mondes und die Zusammenhänge zwischen dem Mond und Krankheiten betrifft, ableiten. Aber keine Angst: Wir haben das in diesem Buch für Sie getan!

Zunächst werden wir Ihnen – in diesem Kapitel – die Grundregeln der Mondmedizin erläutern. In den folgenden Kapiteln werden wir Ihnen dann zeigen, wie Medikamente, Naturheilmittel, Heilverfahren und vorbeugende

Maßnahmen zu »Heilmitteln des Mondes« werden, indem wir die Kräfte der Heilmittel durch den Einsatz zum rechten Zeitpunkt am effektivsten nutzen. Im letzten Teil des Buches wird es dann ganz praktisch: Sie finden dort eine Anzahl von Beschwerden von A-Z geordnet, für die wir Behandlungstips mit unseren Heilmitteln des Mondes geben werden.

Die Wirkung der Mondphasen

Die wichtigsten Mondkräfte gehen von den unterschiedlichen Phasen des Mondes aus. Das hat auch den Vorteil, daß wir nicht einmal einen Kalender oder Tabellen benötigen, um die gerade vorherrschende Mondenergie zu bestimmen: Oft genügt schon ein Blick in den nächtlichen Himmel – wenn er nicht gerade von dichten Wolken verhangen ist. Aber natürlich haben wir diesem Buch (auf den letzten Seiten) einen ausführlichen Mondkalender für die nächsten Jahre mitgegeben, der Ihnen jederzeit die nötigen Auskünfte gibt.

Die Energien der Mondphasen wirken unmittelbar und betreffen den gesamten Organismus. Die Phasen wirken nicht auf einzelne Körperregionen, sondern geben die besondere Qualität der Mondenergie an.

Die Einteilung der Mondphasen in zunehmend und abnehmend erfaßt bereits die wichtigsten »Mondphasenregeln« für die Gesundheit:

- Wenn der Mond *zunimmt* (von Neumond ● bis Vollmond ○), nehmen auch Körper und Seele zu: Alle

Energien, Stoffe und psychischen Einflüsse werden besonders gut aufgenommen. In dieser Zeit ist es wichtig, darauf zu achten, was und wie man ißt, da sich der Körper ja aus der Nahrung aufbaut. Die Qualität des zunehmenden Mondes entspricht dem Einatmen und Energiespeichern. In dieser Zeit ist es gut, sich etwas mehr zu schonen, sich zu erholen und zu genießen. Heilmittel haben im zunehmenden Mond ihre intensivste Wirkung, wenn Körper, Seele oder Geist aufbauen und ihnen Energie zuführen.

- Wenn der Mond *abnimmt* (von Vollmond ○ bis Neumond ●), trennen sich Körper und Seele leichter von überflüssigem Ballast. Körper und Seele reinigen sich und befreien sich von körperlichen und seelischen Giften. Die Qualität des abnehmenden Mondes entspricht dem Ausatmen. Die Mondkräfte wirken zusammenziehend, festigend und trocknend. In dieser Zeit sind positive energieverbrauchende Tätigkeiten besonders sinnvoll – die Gefahren dieser Phase liegen in einer übermäßigen Verhärtung und einem Stau der Energien. Heilmittel, die Körper, Seele oder Geist negative Energien entziehen, wirken im abnehmenden Mond am besten.

Diese Grobeinteilung in zunehmenden und abnehmenden Mond ist schon sehr hilfreich, und es ist kein Fehler, wenn Sie sich, wenn Sie gerade damit beginnen, *mit* dem Mond zu leben, zunächst einmal an diese »Regeln« halten.

Eine differenziertere Einteilung der Mondphasen teilt den Mondlauf in vier Phasen oder *Quartale* ein.

Mondphase	von – bis	zunehmend/abnehmend
1. Quartal	● – ☽	zunehmender Mond
2. Quartal	☽ – ○	zunehmender Mond
3. Quartal	○ – ☾	abnehmender Mond
4. Quartal	☾ – ●	abnehmender Mond

Jedes Quartal dauert ungefähr eine Woche. Das erste, beginnend mit dem Neumondtag bis zum Halbmond mit einem »Bauch« nach rechts, das zweite bis zum Vollmond, das dritte vom Vollmond bis zum Halbmond mit einem zur linken Seite weisenden »Bauch« und schließlich das vierte Quartal, das am Neumondtag endet – der Kreislauf beginnt von vorn.

Wenn wir von den uns ja nun schon bekannten Wirkungen des abnehmenden und zunehmenden Mondes ausgehen, so müssen wir nur noch wissen, daß die erste Hälfte des zunehmenden wie des abnehmenden Mondes intensiver wirkt, die zweite Hälfte dagegen tiefgehender.

Heilmittel werden also *schneller* wirken, wenn sie – entsprechend der Art ihrer Heilwirkung – im ersten, bzw. dritten Quartal angewandt werden, aber *anhaltender* wenn sie im zweiten, bzw. vierten Quartal verabreicht werden. Für beinahe jedes Heilmittel gibt es also eine Mondphase, in der es am günstigsten wirkt.

Zwei wichtige »Wendepunkte« im Lauf des Mondes müssen wir natürlich noch unbedingt nennen: Neumond und Vollmond. Zu diesen Zeiten gehen besonders starke Kraftimpulse vom Mond aus – am stärksten an Neu- und Vollmondtagen selbst, aber ebenfalls etwa 1 ½ Tage davor und danach.
Diese »Energiestöße« können sich positiv und negativ auf unsere Gesundheit auswirken, auf jeden Fall erfordern sie jedoch einen aufmerksameren Umgang mit Heilmitteln und Heilmethoden.

- *Neumond* ●: Sensible Menschen spüren an diesen Tagen mitunter undefinierbare Ängste und leiden vermehrt unter Depressionen. Diese Gefühle rühren daher, daß der Neumond einen Energieimpuls aussendet, der einen Neubeginn markiert. Diäten, Kuren, Ernährungsumstellungen, Entziehungsmaßnahmen gibt der

Mond in dieser Zeit eine gute Anfangsenergie mit, die den Erfolg wahrscheinlicher macht. Größere körperliche, seelische oder geistige Belastungen sollten in dieser Zeit möglichst vermieden werden.

- *Vollmond* ○: An den Vollmondtagen ist die Mondkraft am stärksten. Gefühlsbetonte, sensible Menschen neigen an diesen Tagen zu besonders starken Emotionen. Gewalttaten sind in dieser Zeit häufiger als sonst. Und auch das Phänomen der Schlafwandler tritt vor allem bei Vollmond auf. Die Mondenergie hat auch starke Wirkungen auf unseren Körper: Eine der wichtigsten Mondregeln, die Hippokrates schon kannte, lautet, daß an Vollmondtagen keine Operationen stattfinden sollten. Für Heilmittel, insbesondere für Kräuter und »magische« Mondmittel ist der Vollmond dagegen eine ganz besonders günstige Zeit.

Die Wirkung des Mondes im Tierkreis

Wie die Sonne im Jahr durch den Tierkreis wandert, so durchläuft der Mond in einem einzigen Mondmonat alle zwölf Tierkreiszeichen. Schon die alten Griechen – natürlich wieder einmal Hippokrates – wußten, daß der Mond in jedem dieser Zeichen eine andere Wirkung auf unseren Körper hat. Der Durchlauf des Mondes durch den Tierkreis findet sich im Körperlichen wieder: Jeder Teil unseres Körpers ist innerhalb eines Mondmonats ganz besonders empfindlich für positive und negative Kräfte. Diese wechselnde Sensibilität der Körperregionen hängt direkt mit dem Stand des Mondes im Tierkreis zusammen: Es gibt sozusagen »Ebbe und Flut« in unserem Körper.

In der folgenden Abbildung sehen Sie, wann der Mond welche Körperregion »regiert« oder »berührt«.

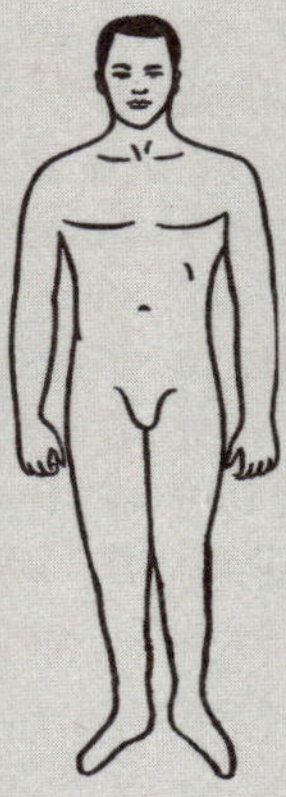

♈	Widder	Kopf, Gehirn, Nase, Augen
♉	Stier	Kiefer, Hals, Ohren
♊	Zwillinge	Arme, Schultern, Hände, Lunge
♋	Krebs	Brust, Lunge, Magen, Leber
♌	Löwe	Herz, Wirbelsäule, Blutkreislauf
♍	Jungfrau	Darm, Nerven, Pankreas, Milz
♎	Waage	Hüften, Nieren, Blase
♏	Skorpion	Geschlechtsorgane
♐	Schütze	Oberschenkel
♑	Steinbock	Knie, Gelenke, Knochen, Haut
♒	Wassermann	Unterschenkel
♓	Fische	Füße

Was heißt es aber nun konkret, wenn der Mond eine bestimmte Körperregion regiert?

Wenn der Mond im Tierkreiszeichen Krebs steht, regiert er unter anderem die Leber. Alles was wir an diesen Tagen für unsere Leber tun, wirkt besonders positiv, aber auch alles, was der Leber schadet, beispielsweise übermäßiger Alkoholkonsum oder leberbelastende Medikamente, wirkt an Krebstagen besonders schädlich.

Erinnern Sie sich noch daran, was wir im vorangegangenen Kapitel über den Zusammenhang von Mondphasen und dem Stand des Mondes im Tierkreis gesagt haben? In einer Hälfte des Jahres ist der Mond in einem gegebenen Zeichen stets abnehmend, in der anderen Hälfte stets zunehmend. Das heißt auch, daß die Wirkung eines Zeichens in einer Jahreshälfte eine etwas andere ist als in der anderen Hälfte.

Wenn wir wieder das Beispiel des Mondes im Krebs betrachten, heißt das: Im zunehmenden Mond im Zeichen Krebs – zwischen Januar und Juni – regeneriert sich die Leber und profitiert von etwas Schonung, und leberstärkende Mittel wie Lebertees wirken in dieser Zeit besonders gut. In der zweiten Jahreshälfte – zwischen Juli und Dezember – wirkt der Mond im Krebs natürlich auch auf die Leber: Zu dieser Zeit ist ihre Kraft, Gifte auszuscheiden, besonders groß, denn in der Zeit des abnehmenden Mondes »atmen« ja alle Organe aus und eine Selbstentgiftung findet statt.

Versuchen Sie doch einmal, allmählich auf diese Zusammenhänge zu achten – wahrscheinlich werden Sie dann bald keine Regeln mehr brauchen und deutlich spüren, was Ihnen wann wohl tut und was Sie meiden sollten.

Die Zeichen

Im folgenden finden Sie die wichtigsten Hinweise für die Bedeutung des Mondes in jedem der zwölf Tierkreiszeichen. Des weiteren haben wir für jedes Zeichen die Heilmittel angegeben, die in dieser Zeit den Höhepunkt ihrer Wirkung entfalten – aufgeteilt nach zunehmendem und abnehmendem Mond. Für die Neumond- und Vollmondtermine geben wir einige zusätzliche Hinweise.

Die Heilmittel des Mondes, die wir hier nennen, finden Sie in den Kapiteln »Kräuter – die ersten Heilmittel des Mondes« und »Die Alternative Heilkunde und ihre Heilmittel des Mondes« detailliert beschrieben. Das ist jetzt natürlich sehr viel auf einmal. Aber eins nach dem anderen ... Lesen Sie sich einfach die folgenden Informationen durch – wenn Sie später so vertraut mit den Mondkräften sind, daß Sie mehr wissen wollen, können Sie ja jederzeit wieder auf diesen Abschnitt zurückgreifen.

Widder ♈

Wenn der Mond im Zeichen Widder steht, sind Gehirn, die obere Hälfte des Kopfes und die Augen besonders empfänglich.

Die typischen Beschwerden, die an Widdermondtagen vermehrt auftreten, spielen sich in diesem Bereich ab. Nicht selten beginnen Migräneanfälle an diesen Tagen und halten an, bis der Mond in das Zeichen Stier eintritt. Auch Menschen, die empfindlich auf Wetterumschwünge oder Föhn reagieren, leiden besonders dann, wenn das Wetter an Widdermondtagen verrückt spielt, unter Kopfschmerzen und Sehstörungen – das erklärt übrigens auch, weshalb viele Menschen nur ab und zu auf das Wetter reagieren. An Tagen, an denen der Mond im Widder steht, leiden viele Menschen, besonders solche, die an Bildschirmen arbeiten, vermehrt unter tränenden Augen und Problemen mit ihren Kontaktlinsen; was dann wiederum häufig Kopfschmerzen verursacht.

Widdermondtage sind andererseits am besten dafür geeignet, den gerade genannten Beschwerden mit entsprechenden Heilmitteln des Mondes zu begegnen – die vom Mond regierten Körperregionen sind ja nicht nur für negative, sondern auch für positive Einflüsse an diesen Tagen besonders empfindlich.

- Im zunehmenden Mond (Oktober – März): *Gewürze* Anis (v.a. bei Migräne), Koriander und Pfeffer; *ätherisches Öl* Anis
- Im abnehmenden Mond (April – September): *Kräuter* Augentrost; *Gewürze* Vanille (v.a. Augenprobleme); *ätherisches Öl* Mandarine (Schlafstörungen)
- Bei Neumond (April): Der beste Zeitpunkt, um sich neue Denkweisen anzueignen
- Bei Vollmond (Oktober): *Bach-Blütenmittel* Cherry Plum

Stier ♉

Der Stiermond regiert den unteren Teil des Kopfes, einschließlich des Halses: Rachen, Zunge, Kiefer, Zähne, Ohren und – als übergeordnete Funktion – die Sprache sind in dieser Zeit besonders sensibel.

Wenn Sie an manchen Tagen übermäßig empfindlich auf Lärm reagieren, kann es gut sein, daß der Mond gerade im Stier steht. Auch Hals-, Ohren- und Zahnschmerzen treten an diesen Tagen häufiger auf. Meist verschwinden die Beschwerden jedoch wieder, wenn der Mond in das Zeichen Zwillinge eintritt. Menschen, die beruflich viel sprechen (oder gar singen), wundern sich, wenn Sie trotz langjähriger Übung an manchen Tagen urplötzlich heiser werden, obwohl sie keinen besonderen Anstrengungen ausgesetzt waren – meist handelt es sich um Stiermondtage. Zwei Tage später ist die Stimme dann wieder in Ordnung. Etwas anders verhält es sich mit Erkältungen und Schnupfen, die ebenfalls häufig an Stiermondtagen einsetzen, aber oft nicht von selbst verschwinden, sondern sich, wenn der Mond in die Zwillinge und dann in den Krebs eintritt, sogar verschlimmern können. Bei ersten Anzeichen von Erkältungsbeschwerden an Stiermondtagen sollten wir von entsprechenden Heilmitteln des Mondes Gebrauch machen und uns auch etwas Ruhe gönnen.

- Im zunehmenden Mond (November – April): *Bach-Blüten* Chestnut Bud, Wild Rose
- Im abnehmenden Mond (Mai – Oktober): *Bach-Blüten* Heather, Mimulus
- Bei Neumond (Mai): Der günstigste Zeitpunkt, neues Kommunikationsverhalten einzuüben.
- Bei Vollmond (November): Der Stiervollmond ist die ungünstigste Zeit für Zahnbehandlungen.

Zwillinge ♊

Der Mond im Zeichen Zwillinge regiert den oberen Teil des Rumpfes: Schultern, Nacken, Arme, Hände, Bronchien und den oberen Bereich der Lunge.

An diesen Tagen passiert es schnell, daß psychische Belastungen oder auch nur ein wenig Luftzug zu Verspannungen oder einem steifen Hals führen. Tennisspieler leiden nach einem anstrengenden Match an Zwillingsmondtagen nicht selten unter Schmerzen im Arm, dem sogenannten »Tennisarm«, Musiker und Computerarbeiter sind besonders gefährdet, sich eine Sehnenscheidenentzündung zuzuziehen. Frauen, die besonders auf ihr Äußeres achten, sollten an diesen Tagen auf ihre Fingernägel achtgeben, denn sie werden, wenn der Mond in den Zwillingen steht, schneller brüchig. Ein ernsteres Problem beginnt nicht selten schon einige Tage, bevor der Mond in das Zeichen Zwillinge eintritt – was zunächst noch eine harmlose Erkältung war, kann sich bei mangelnder Vorsicht zu einer Bronchitis auswachsen!

- Im zunehmenden Mond (Dezember – Mai): *Gewürze* Muskat, Kreuzkümmel; *Bach-Blütenmittel* Water Violett
- Im abnehmenden Mond (Juni – November): *Kräuter* Eibisch; *Gewürze* Zimt, Kreuzkümmel; *ätherisches Öl* Cajeput
- Bei Neumond (Juni): Ein besonders günstiger Zeitpunkt, neue Dinge anzupacken
- Bei Vollmond (Dezember): Die beste Zeit für Inhalationen

Krebs ♋

Wenn der Mond im Zeichen Krebs steht, regiert er die Brust, den unteren Teil der Lunge und damit die Tiefenatmung, sowie einen Teil der Verdauung, nämlich Magen, Leber und Galle.

Bei den beiden vorausgegangenen Zeichen, Stier und Zwillinge, haben wir bereits über die erhöhte Anfälligkeit für Beschwerden der Atmungsorgane berichtet – eine Erkältung, die im Stiermond beginnt und auf die leichte Schulter genommen wird, kann im Zwillingsmond eine Bronchitis werden. Reagieren wir auch auf dieses Warnsignal nicht, kann sich das Problem im Krebsmond noch weiter verstärken. Im schlimmsten Fall kann sogar eine Lungenentzündung entstehen!

Frauen leiden an Krebsmondtagen, insbesondere in der Schwangerschaft und der Stillzeit, häufiger an schmerzenden Brüsten; diese Schmerzen werden jedoch im Löwemond meistens wieder verschwinden. In der Stillperiode ist jedoch etwas Vorsicht geboten: Es kommt leichter zu Entzündungen.

An Krebsmondtagen herrscht eine Energie, die uns unruhig und empfänglicher für Streß macht – in der Folge treten dann nicht selten Magenschmerzen und Verdauungsprobleme auf. Auch diese Beschwerden legen sich meist nach zwei bis drei Tagen, wenn der Mond in ein neues Zeichen tritt – doch wir täten gut daran, den Signalen nachzugehen und herauszufinden, was wir (auch im übertragenen Sinne) schwer verdauen können und weshalb wir so schnell sauer und gereizt (wie es uns unser Magen demonstriert) sind.

- Im zunehmenden Mond (Januar – Juni): *Kräuter* Löwenzahn; *Bach-Blütenmittel* Mustard.
- Im abnehmenden Mond (Juli – Dezember): *Kräuter* Bitterklee, Huflattich, Kamille; *Gewürz* Mohn; *ätherische Öle* Pfefferminz, Rosmarin; *Bach-Blüten* Impatiens, Willow.
- Bei Neumond (Juli): Der beste Termin, um mit übermäßigem Alkoholkonsum aufzuhören.

- Bei Vollmond (Januar): In dieser Zeit sollte Alkohol unbedingt vermieden werden.

Löwe ♌

Der Mond im Löwen regiert den Rücken und die Wirbelsäule, einschließlich der Bandscheiben, sowie Herz und Kreislauf.

Die mit Abstand häufigsten Beschwerden im Löwemond sind Rückenschmerzen – an diesen Tagen kann es leichter als sonst geschehen, daß wir durch eine kleine ungeschickte Bewegung oder falsches Heben unsere Haltung verlieren. Das geschieht umso leichter, da wir gerade an Löwemondtagen risikobereiter sind und uns unnötigen Belastungen aussetzen. Das wirkt sich auch auf den anderen Bereich aus, der vom Mond regiert wird: Das Herz. Wir »fassen uns ein Herz« und stürzen uns an Löwemondtagen in anstrengende Aktivitäten, bei denen wir Haltung bewahren und sie um jeden Preis durchstehen wollen. Dabei kommt es dann schnell zu unangenehmem Herzrasen, hohem Blutdruck, und empfindliche Menschen können unangenehme Probleme mit ihrem Kreislauf bekommen.

- Im zunehmenden Mond (Februar – Juli): *Kräuter* Arnika, Weißdorn; *Gewürz* Safran; *ätherisches Öl* Ysop; *Bach-Blütenmittel* Hornbeam
- Im abnehmenden Mond (August – Januar): *Kräuter* Herzgespannkraut; *ätherisches Öl* Niaouli; *Bach-Blüten* Centaury, Vine
- Bei Neumond (August): Jetzt ist die Zeit, neue Wege, die besonderen Mut erfordern, zu beschreiten.
- Bei Vollmond (Februar): Auf diese Tage fallen die meisten Geburten (vgl. Skorpion). Von Bandscheibenoperationen ist zu diesem Termin besonderes abzuraten.

Jungfrau ♍

Wenn der Mond im Zeichen Jungfrau steht, regiert er den Darm, Dünndarm, Dickdarm und auch Blinddarm, die Bauchspeicheldrüse, das vegetative Nervensystem, sowie die Blutbildung.

Wenn Sie öfters einmal unter Verstopfung oder Durchfall leiden, sollten Sie einmal darauf achten, ob diese Probleme vermehrt an Tagen auftreten, an denen der Mond in der Jungfrau steht. Es kann sehr interessant sein, auch den seelischen Hintergründen dieser Probleme, die an Jungfraumondtagen an die Oberfläche kommen, nachzugehen: Es geht meist um die Problematik von Festhalten (an alten Gewohnheiten) und Loslassen können (unnötige oder hinderliche Verhaltens- und Denkmuster).

An Jungfraumondtagen, an denen der Mond auch unser Nervensystem empfänglicher macht, reagieren wir häufig mit Nervosität und Unruhe (was sich ebenfalls wieder auf die Verdauung auswirkt). Auf der anderen Seite macht uns die Empfindlichkeit unserer Nerven auch empfänglicher für die Botschaften unseres Unterbewußtseins, und unsere analytischen Fähigkeiten erreichen einen Höhepunkt – was uns dabei helfen kann, unseren Problemen auf den Grund zu gehen.

Diabetiker sollten an Jungfraumondtagen besonders aufpassen – die Bauchspeicheldrüse, die ja für die Insulinproduktion verantwortlich ist, kann an Jungfraumondtagen ihre Hormonproduktion verändern!

- Im zunehmenden Mond (März – August): *Kräuter* Ginseng (bei Diabetes); *Gewürze* Anis (bei Streß), Piment; *ätherisches Öl* Anis; *Bach-Blütenmittel* Clematis
- Im abnehmenden Mond (September – Februar): *Kräuter* Brennessel (zur Blutreinigung); Die beste Zeit, um Darmparasiten mit Hilfe von Grapefruitkernextrakt (GKE) loszuwerden. Auch für Blutreinigung ist diese

Zeit ideal. *Ätherische Öle* Mandarine, Neroli, Rosmarin; *Bach-Blütenmittel* Honeysuckle, Oak

- Bei Neumond (September): Fastentag
- Bei Vollmond (März): Auch auf diese Tage fallen überdurchschnittlich viele Geburten. Von allen Vollmondtagen sind Jungfrauvollmondtage am ungünstigsten für Blinddarmoperationen.

Waage ♎

Steht der Mond im Zeichen der Waage, regiert er den Beckenraum, die Hüfte sowie Nieren und Blase.

Nach dem, was Sie nun schon über die Zusammenhänge zwischen dem Stand des Mondes und unserem Körper wissen, können Sie sich wahrscheinlich schon denken, weshalb Sie sich an Waagemondtagen warm halten sollten: Die Gefahr von Nieren- und Blasenbeschwerden ist an diesen Tagen höher als sonst – aber auch die Chance, sich über den Urin von Giften zu befreien.

Menschen, die unter rheumatischen Beschwerden leiden, werden an diesen Tagen öfter von rheumatischen Hüftschmerzen geplagt.

- Im zunehmenden Mond (April – September): *Ätherisches Öl* Geranie; *Bach-Blütenmittel* Beech, Larch
- Im abnehmenden Mond (Oktober – März): *Bach-Blütenmittel* Agrimony
- Bei Neumond (Oktober): Wasser- oder Teefasten tut besonders gut. *Kräuter* Goldrutenkraut
- Bei Vollmond (April): *Kräuter* Goldrutenkraut; Operationen an den Hüftgelenken sind jetzt am ungünstigsten.

Skorpion ♏

Der Skorpionmond regiert vor allem die Geschlechtsorgane und bestimmt über die Hormone unsere Gefühle. Überraschenderweise wird aber auch die Nase, genauer gesagt unser Geruchssinn, durch den Skorpionmond empfänglicher für Reize – ein Hinweis darauf, wie sehr unsere Sexualität und unsere Gefühle mit dem Geruchssinn zusammenhängen. Die Wissenschaft hat diese Zusammenhänge erforscht und dabei die sogenannten »Pheromone«, Duftstoffe, die wie Hormone wirken und unser Gefühls- und Sexualleben beeinflussen, entdeckt. Nicht umsonst weisen auch viele Redewendungen auf diese Beziehungen hin: »Jemanden nicht (oder gut) riechen können«, »eine gute Nase für etwas haben« usw.

Frauen sind von Skorpionmondtagen stärker betroffen als Männer. Menstruationsbeschwerden sind an diesen Tagen häufiger, und in der Schwangerschaft ist in dieser Zeit ganz besondere Vorsicht geboten – es besteht eine erhöhte Gefahr von Früh- oder Spätgeburten und (wenn die werdende Mutter in dieser Zeit Alkohol oder bestimmte Medikamente zu sich nimmt) Fruchtschäden.

Beide Geschlechter sind hingegen gleichermaßen gefährdet, sich an diesen Tagen genitale Pilzerkrankungen oder Geschlechtskrankheiten zuzuziehen.

- Im zunehmenden Mond (Mai – Oktober): Diese Tage sind besonders fruchtbar. *Kräuter* Ginseng (bei Potenzschwäche), Johanniskraut (Wechseljahrsbeschwerden); *Bach-Blütenmittel* Holly.
- Im abnehmenden Mond (November – April): *Kräuter* Verbena; *Gewürz* Kümmel; *ätherische Öle* Origano (Menstruationsbeschwerden), Pfefferminz (Potenzschwäche).
- Bei Neumond (November): Ein guter Zeitpunkt, um neuen Schwung ins Liebesleben zu bringen.

- Bei Vollmond (Mai): An diesen Tagen ist die Fruchtbarkeit am höchsten und daher werden mehr Kinder gezeugt als sonst (deshalb werden auch 9 Monate später, zum Löwen- oder Jungfrauvollmond besonders viele Kinder geboren.).

Schütze ♐

Der Mond im Zeichen Schütze regiert den untereren Bereich des Rückens und der Wirbelsäule, die Lendenwirbelsäule und das Kreuzbein, sowie die Oberschenkel.

An diesen Tagen sollten wir besonders aufpassen, nicht zu schwer zu heben, oder zumindest auf eine gute Haltung achten. Nur zu schnell überrascht uns ein Hexenschuß und legt uns lahm. Auch kalter Luftzug kann uns auch ohne außergewöhnliche Anstrengungen Schmerzen im unteren Rücken, Kreuzbeschwerden oder Ischias bescheren.

Alle diese Beschwerden sind zumindest teilweise auch Ausdruck einer seelischen Problematik: Wir werden durch die körperlichen Symptome darauf hingewiesen, daß wir auch in seelischer Hinsicht zu unflexibel und unbeweglich sind – es lohnt sich, diesen Hinweisen unseres Unterbewußtseins nachzugehen!

- Im zunehmenden Mond (Juni – November): *Bach-Blütenmittel* Chicory.
- Im abnehmenden Mond (Dezember – Mai): *Bach-Blütenmittel* Rock Water, Vervain.
- Bei Neumond (Dezember): Jetzt ist es besonders förderlich, neue Dinge auszuprobieren!
- Bei Vollmond (Juni): Dieser Vollmond ist noch ungünstiger für Bandscheibenoperationen als der Löwevollmond.

Steinbock ♑

Der Mond im Steinbock hat neben seiner lokalen Bedeutung – er wirkt sich besonders auf die Knie aus – auch eine Auwirkung, die sich auf den gesamten Körper erstreckt: Er regiert die Gelenke, die Knochen und unser größtes Organ, die Haut.

Was das Knie anbelangt, so ist an Steinbockmondtagen besondere Vorsicht beim Sport geboten. Chirurgen in Skigebieten wissen (oder könnten es wissen, wenn sie darauf achtgäben), daß an Steinbockmondtagen besonders viele Frakturen, Gelenkverletzungen, Bänderzerrungen und Meniskusschäden zu verzeichnen sind – vor allem, aber nicht nur an den Knien.

Vielleicht am bedeutsamsten für den Alltag ist jedoch der Einfluß des Mondes im Steinbock auf die Haut. Bei entsprechend disponierten Jugendlichen wird an diesen Tagen ihre Akne »aufblühen«; ganz allgemein ist die Haut in dieser Zeit empfindlicher, und die Gefahr durch Pilzerkrankungen, Hautinfektionen und Ekzeme ist höher als sonst. Last but not least sollte erwähnt werden, daß wir an Steinbockmondtagen vorsichtig beim Sonnenbaden sein sollten, denn ein Sonnenbrand entsteht in dieser Zeit besonders schnell.

Im seelischen Bereich weisen uns diese Probleme darauf hin, daß wir unsere persönlichen Grenzen – im Körperlichen die Haut – und die anderer Menschen mehr beachten sollten.

- Im zunehmenden Mond (Juli – Dezember): Hautprobleme können jetzt besonders erfolgreich angegangen werden – mit *ätherischem* Niaouli-*Öl* (besonders für Menschen, die zu Hautproblemen neigen) und Teebaumöl (bei konkreten Hautproblemen).
  Bach-Blütenmittel Wild Rose
- Im abnehmenden Mond (Januar – Juni): *Kräuter* Ar-

nika, Ringelblume, Spitzwegerich, Teufelskralle; *ätherisches Öl* Patchouli

- Bei Neumond (Januar): Jetzt ist der beste Zeitpunkt für eine Ernährungsumstellung.
- Bei Vollmond (Juli): Operationen, die zu dieser Zeit durchgeführt werden, hinterlassen nicht selten besonders starke Narben.

Wassermann ♒

Der Wassermannmond regiert Unterschenkel, Beinvenen und Sprunggelenke.

An diesen Tagen machen entsprechend veranlagten Menschen Krampfadern zu schaffen, und auch andere spüren oft krampfartige Schmerzen oder Spannungen in den Waden. Die »unruhigen« Beine bringen an den Tagen, an denen der Mond im Wassermann steht, so manchen um seinen Schlaf – und tagsüber fällt das Stehen schwer.

Im Seelischen weisen die genannten Probleme auf Schwierigkeiten mit unserer Standfestigkeit hin, aber die Unruhe in den Beinen hat ebenfalls ihre Entsprechung im geistigen Bereich: Neue Ideen nehmen oft ihren Ausgangspunkt an Wassermannmondtagen.

- Im zunehmenden Mond (August – Januar): *Gewürz* Zimt (besonders bei Durchblutungsstörungen); *Bach-Blüten* Cerato, Scleranthus, Walnut
- Im abnehmenden Mond (Februar – Juli): *Kräuter* Beinwell; *Gewürz* Muskat; *Bach-Blüten* Wild Oat
- Bei Neumond (Februar): Eine gute Zeit, um wichtige Entscheidungen zu fällen.
- Bei Vollmond (August): Für Krampfaderoperationen ist dieser Zeitpunkt am ungünstigsten.

Fische ♓

Der Mond im Zeichen Fische regiert Füße und Zehen – was leicht dazu führen könnte, daß wir seinen Einfluß unterschätzen.

An Fischemondtagen sind unsere Füße besonders empfindlich – Schmerzen bei langem Stehen sind häufiger, Hühneraugen machen eher Probleme, und die Gefahr, sich Fußpilz zuzuziehen, ist höher. Weitaus bedeutsamer jedoch ist, daß der gesamte Körper über Reflexzonen und Meridiane mit den Füßen in Verbindung steht. Viele wissen beispielsweise, daß der beste Schutz vor Erkältungen warme Füße sind. Tatsächlich ist *jedes* Organ mit den Füßen reflektorisch verbunden, und die Fußreflexzonenmassage sowie die chinesische Akupunktur machen sich diese Beziehungen zu Nutze. Nicht umsonst heißt es in China: Die Füße sind die Wurzeln unserer Gesundheit.

- Im zunehmenden Mond (September – Februar): *Gewürz* Ingwer; *Bach-Blütenmittel* Gorse, Olive
- Im abnehmenden Mond (März – August): *Kräuter* Mistel; *Bach-Blütenmittel* Crab Apple
- Bei Neumond (März): Der beste Zeitpunkt um mit aufbauenden Kuren (z.B. einer Vitaminkur) zu beginnen.
- Bei Vollmond (September): Fischevollmondtage sind für alle Operationen besonders ungünstig!

Der Zeitpunkt der Berührung

Eine besonders geheimnisvolle Wirkung des Mondes müssen wir hier unbedingt noch ansprechen: Die Wirkung des Mondes überträgt sich besonders stark, wenn wir etwas – beispielsweise ein Heilmittel – berühren, d.h. ernten oder auch nur umlagern. Wenn wir diese Mondregel kennen, werden wir verstehen, weshalb bestimmte Heilmittel manchmal besonders gut wirken und dann wieder schwächer.

Für die alltägliche Praxis bedeutet das, daß wir schon beim Kauf eines Heilmittels den Mond berücksichtigen können – und dadurch das Heilmittel umso mehr zu einem Heilmittel des Mondes machen!

Ein Beispiel: Ätherisches Anis-Öl hilft sowohl bei Magenbeschwerden als auch bei Migräne. Wenn wir das Öl gegen unsere chronische Gastritis einsetzen wollen, können wir die Wirkung verstärken, wenn wir beim Einkauf darauf achten, das Öl zu kaufen, wenn der Mond im Zeichen Krebs steht. Wenn wir es dagegen kaufen, wenn der Mond im Widder steht, hilft es noch besser als sonst gegen Migräne.

Aber machen Sie sich nicht verrückt! Natürlich können Sie anfangs nicht alle Mondregeln auf einmal beachten. Wenn Sie dann allmählich immer mehr mit dem Mond leben und Ihr neues Wissen verinnerlicht haben, werden Sie aber auch an diesem kleinen »Mondgeheimnis« viel Freude haben!

Die wichtigsten Mondregeln für die Gesundheit auf einen Blick

Mondphasen

Die Mondphasen sind von allen Kräften, die der Mond ausübt, am stärksten. Wenn an einem Tag die Mondphase und das Mondzeichen gegensätzliche Energien aussenden, überwiegt die Wirkung der Mondphase.

Zunehmender Mond ● – ○

An den Tagen von Neumond bis Vollmond nimmt der Körper Energien und Stoffe, also auch Heilmittel, verstärkt auf. Heilmittel und Methoden, die den Körper nähren und aufbauen, sind besonders effektiv.

Abnehmender Mond ○ – ●

An den Tagen von Vollmond bis Neumond gibt der Körper Energien und Stoffe ab. In dieser Zeit entgiftet sich der Körper; Methoden und Heilmittel, die dies unterstützen, wirken besonders gut. Bei abnehmendem Mond heilen Verletzungen schneller und Operationen verlaufen günstiger.

Neumond ●

Die Tage um den Neumond sind gut für einen Neubeginn, wie beispielsweise eine Ernährungsumstellung. Im psychischen Bereich treten vermehrt Ängste und Depressionen auf.

Vollmond ○

An Vollmondtagen geht vom Mond eine Kraft aus, die alle körperlichen und psychischen Energien verstärkt – positive wie negative. Bei Vollmond sollten keine Operationen und Zahnbehandlungen durchgeführt werden.

Tierkreiszeichen

Das gerade herrschende Mondzeichen wirkt verstärkend auf alles, was mit der von ihm regierten Körperregion zu tun hat.
Alles was dem gerade vom Mond berührten Organ nützt, wirkt besonders positiv.
Alles was dem gerade vom Mond berührten Organ schadet, wirkt besonders negativ.

Der Mond und die Schulmedizin

In den vergangenen 150 Jahren hat die wissenschaftliche Medizin geradezu Unglaubliches geleistet. Diphtherie, Pocken oder Tuberkulose brachten noch in diesem Jahrhundert Hunderttausenden von Menschen, insbesondere Kindern, den Tod. Doch dank Forschern, wie den deutschen Nobelpreisträgern des ersten Jahrzehnts dieses Jahrhunderts, Emil von Behring, Robert Koch oder Paul Ehrlich, konnten diese Geißeln der Menschheit weitgehend besiegt werden.

Heute werden die Verdienste der Schulmedizin kaum noch angemessen bewundert – weil die damaligen Verhältnisse in Vergessenheit gerieten und uns ein Leben ohne die tödliche Bedrohung von Diphtherie oder Pocken selbstverständlich erscheint, weil die Fortschritte der letzten Jahrzehnte, wie die Transplantationsmedizin, uns noch sensationeller vorkommen, oder aber weil wir heute auch die Kehrseite der Medaille deutlicher sehen (und demzufolge die Vorderseite nicht mehr).

Und in der Tat hat ja die Schulmedizin heute oft aus den Augen verloren, daß sie *Menschen* von Leiden befreien und eine bessere Lebensqualität erreichen sollte. Nicht nur in der Medizin, aber eben auch dort, haben wir häufig Qualität durch Quantität ersetzt. Viel eher streben wir heute danach, mit allen Mitteln das Leben zu verlängern, anstatt es angenehmer und erfüllter zu gestalten.

Wir wollen hier aber gar nicht auf die Schulmedizin

schimpfen – ganz im Gegenteil. Ihre Verdienste, gerade auch für die Lebensqualität, sollten nicht unterschätzt werden – wer einmal in einem armen Land wie Indien war, wird verstehen, was wir meinen.

In diesem Buch geht es jedoch um unsere verlorene Verbindung mit der Natur, unsere »Entfremdung« vom Urgrund des Lebens. Solange wir uns in unserer Natürlichkeit nicht wahrnehmen, wird es uns auch nicht gelingen, unsere Lebensqualität wirklich zu verbessern – wenn wir nicht wissen, was wir tun, können wir kaum erwarten, das Rechte zu tun.

Um das Verhältnis von Schulmedizin und ganzheitlicher Heilkunde zu erläutern, wollen wir eine kleine Analogie betrachten:

Ein Mann trägt vornübergebeugt schwere Gewichte und leidet verständlicherweise unter Schmerzen, die immer stärker werden und ihm im Laufe der Zeit irreparable Schäden zufügen werden.

Eine symptomatische Behandlung könnte nun darin bestehen, ihm schmerzlindernde Spritzen oder Medikamente zu verabreichen oder die Gewichte, die er um seinen Hals an einem Seil trägt, abzuschneiden. Die Nachteile dieser Methoden liegen auf der Hand. Die Spritzen beseitigen das eigentliche Problem nicht; und auch das Entfernen der Gewichte ist nicht so unproblematisch, wie es auf den ersten Blick scheint: Weshalb trägt der Mann denn die Gewichte? Doch sicherlich nicht »zufällig« – vielleicht verdient er damit seinen Lebensunterhalt, vielleicht hat er ein religiöses Gelübde abgelegt, oder es hat eine andere persönliche Bedeutung für ihn. Doch auch die Vorteile der Methode sind klar: Das unmittelbare Problem, die Schmerzen, verschwinden erst einmal; ein kurz bevorstehender nicht wiedergutzumachender Schaden wird abgewendet, und die Methode funktioniert bei jedem und ist ohne weiteres einseh- und beweisbar.

Eine ganzheitliche Vorgehensweise sähe anders aus. Wir würden versuchen, die Haltung des Mannes zu korrigieren, ihm muskelstärkende Übungen vorschlagen, oder ihn dazu bewegen, seine Gewichte abzulegen. All dies heilt tatsächlich das Problem, nicht oberflächlich, nicht unmittelbar, aber tiefgreifend. Doch andererseits funktioniert diese Methode nicht immer, da wir auf die eigenverantwortliche Mitarbeit unseres »Patienten« angewiesen sind, und sie wirkt nicht unmittelbar – deshalb ist sie nicht so leicht beweisbar, und sie kann auch nicht akute Schmerzen lindern oder unmittelbar bevorstehende Schäden abwenden.

Wir sehen also: Beide Methoden haben Vorzüge und Nachteile, beide Wege ergänzen sich – wahre *Heilung* können wir jedoch nur von der ganzheitlichen Methode erwarten!

Mit Hilfe des Mondes können wir aber auch die Methoden der Schulmedizin ein wenig »natürlicher« machen. Der Rhythmus des Mondes durchdringt die gesamte Natur und somit auch unser Leben. Was wir auch tun mögen, um uns von der Natur zu entfernen – solange der Mond am Himmel steht, solange wird er auch seine Wirkung auf uns Menschen ausüben. Auch wenn es auf den ersten Blick nicht so aussieht, ja auch dann, wenn die meisten Ärzte es (noch) nicht wahrhaben wollen: Der Mond und die Medizin stehen in einer enger Beziehung, wie ja schon Hippokrates wußte.

Wir wollen uns hier nicht allzu lange mit der Schulmedizin beschäftigen, die für den Laien nahezu undurchschaubar geworden ist, doch möchten wir im Folgenden wenigstens die wichtigsten Hinweise darauf geben, wie auch die Schulmedizin die Mondkräfte zum Wohle des Menschen nutzen kann.

Medikamente

Die Medikamente, die uns heute so gerne verordnet werden (und die wir anscheinend ja auch so gerne schlucken) sind meist *Monosubstanzen*, d.h. sie beruhen auf einem, in der Regel synthetisch hergestellten Wirkstoff. Das hat den Vorteil, daß ein bestimmter Stoff ganz gezielt eingesetzt und seine Wirkung für alle, oder zumindest die Mehrheit der Menschen, nachgewiesen werden kann. Fehlt es uns an etwas, so wird ein Medikament gegeben, das diesen Mangel behebt.

Das scheint ja auf den ersten Blick auch ganz sinnvoll – wenn es einem Auto an Öl fehlt, macht es ja durchaus Sinn, Öl einzufüllen und nicht Birnensaft. Doch wir sind ja nun einmal keine Maschinen! Im Menschen gibt es keine *abgeschlossenen* Teile, in die wir dieses oder jenes einfüllen können, das dann auch nur dort wirkt! Unser Körper, unser Geist und unsere Seele sind eins, und der Mensch reagiert in seiner Gesamtheit auf jede Veränderung, und so wissen wir letztendlich kaum, was geschieht, wenn wir ein Medikament einnehmen. Und da jeder Mensch ein einzigartiges Individuum ist, wird auch keine Substanz bei jedem Menschen wirklich die gleiche Wirkung haben.

Das gilt selbstverständlich auch für natürliche Heilmittel – doch wenn wir das oben Gesagte berücksichtigen, wird deutlich, daß ein Heilmittel, das erstens sanft wirkt, zweitens seine Wirkung ganzheitlich entfaltet und drittens auf langfristiger individueller Erfahrung beruht, große Vorteile bietet. Und unter unseren chemischen Präparaten werden wir solche Heilmittel nicht finden.

Trotz all dem ist es selbstverständlich manchmal sinnvoll, bestimmte Medikamente einzunehmen. Wenn wir uns bereits weit von einem natürlichen, gesunden Gleichgewicht entfernt haben, ist mitunter ein unnatürlich starkes Gegengewicht angebracht.

Nehmen wir beispielsweise Schmerzmittel: Viele gesundheitsbewußte Menschen lehnen sie selbst bei starken Kopfschmerzen ab, da sie der Ansicht sind, daß die Arbeit an den *Ursachen* der Schmerzen notwendig sei, nicht ihr Unterdrücken. Damit haben sie natürlich völlig recht – nur: Die Ursachen können doch ohne Schmerzen viel besser angegangen werden. Und die Schmerzen selbst haben ja auch ihrerseits wieder negative Folgen; Muskeln verspannen sich, die Verspannungen verschlechtern die Haltung, die schlechte Haltung führt zu weiteren Schäden, das Allgemeinbefinden verschlechtert sich, durch die psychische Belastung werden Hormone ausgeschüttet, die dann wiederum zu unangenehmen Veränderungen führen usw.

Medikamente sind also sicherlich nicht durchwegs abzulehnen! Wenn wir bei der Einnahme von Medikamenten die gerade wirksamen Mondkräfte beachten, können wir sie sogar ein Stück weit zu natürlichen Heilmitteln, zu Heilmitteln des Mondes, machen. Auf jeden Fall aber können wir ihre positiven Wirkungen optimal nutzen und ihre schädlichen Wirkungen (»Nebenwirkungen«) verringern.

Die Grundregeln für die Einnahme von Medikamenten sind prinzipiell dieselben, die überhaupt für alle gesundheitsfördernden Maßnahmen gelten: Im zunehmenden Mond wirken alle aufbauenden Mittel am besten, im abnehmenden Mond alle ausleitenden und entgiftenden Mittel.

Wenn Sie auf die Einnahme von Medikamenten angewiesen sind, können Sie natürlich nicht einfach zwei Wochen des Monats aussetzen. Dennoch können Sie auch in diesem Fall auf einige Punkte achten:

- Um Nebenwirkungen zu reduzieren, können Sie in der Zeit, in der ein Medikament stärker wirkt, oft die Dosis reduzieren (und eventuell durch naturheilkundliche Mittel ergänzen).

- An Vollmondtagen reagiert der Körper immer besonders stark – denken Sie daran, wenn Sie Mittel einnehmen, die besonders starke Nebenwirkungen haben!
- Dasselbe gilt – auf einzelne Körperregionen bezogen – wenn der Mond in dem Zeichen steht, das den Körperteil regiert, auf den das Medikament einwirken soll; Sie sollten also beispielsweise an Widdertagen mit Kopfschmerztabletten vorsichtig umgehen.
- Für die besonders sensiblen Tage (Vollmond oder Mond im Tierkreis) gilt ganz allgemein: Verzichten Sie, wenn irgend möglich, auf Bagatellmedikamente!

Operationen

»Berühre nicht mit Eisen den Teil des Körpers, der gerade vom Mond regiert wird.« lautete eine Mondregel des Hippokrates. Mit »Eisen« ist dabei das Eisen, aus dem chirurgische Instrumente gemacht sind, gemeint – Sie können also durchaus einen Nagel in die Hand nehmen, selbst wenn der Mond gerade im Stier steht! Scherz beiseite: Die Regel des Hippokrates bezieht sich natürlich auf Operationen.

Diese Regel hat in den 2500 Jahren, die mittlerweile vergangen sind, nicht an Gültigkeit verloren, und die Ärzte täten gut daran, sie zu beherzigen.

Seit das Interesse an den Mondkräften neu erwacht ist, haben aufmerksame Mediziner feststellen können, daß es tatsächlich an solchen Tagen häufiger zu Komplikationen kommt!

Noch wichtiger ist allerdings eine der am besten erforschten Grundregeln der Mondmedizin: Operationen sollten nie bei Vollmond durchgeführt werden! In einer Zeit, in der alles auf größtmögliche Effizienz und Auslastung der Krankenhäuser und OP-Säle angelegt ist, sind solche Erkenntnisse natürlich unbequem – das ändert allerdings nichts an der Tatsache.

Die günstigste Zeit für Operationen ist der abnehmende Mond, vom dritten Tag nach Vollmond bis zum dritten Tag vor Neumond. Wunden heilen dann besser, es bilden sich weniger Narben aus, und Komplikationen sind seltener.

Es gelten also für Operationen zwei Mondregeln:

- Operationen sollten nicht an Vollmondtagen durchgeführt werden.
- Tage, an denen der Mond die zu operierende Körperregion regiert, sind für Operationen ebenfalls ungünstig.

Der rechte Umgang mit dem Arzt

Es ist leider nicht ganz einfach, sein Wissen über die Mondkräfte gegen Widerstände in die Praxis umzusetzen. Und solche Widerstände sind von Ärzten häufig zu erwarten. Das ist ja auch verständlich: Nicht nur, daß unsere technische Zivilisation »esoterischem« Gedankengut noch immer sehr skeptisch gegenübersteht; auch in Schule und Studium haben Mediziner nie etwas von den Wirkungen des Mondes gehört, dafür jedoch von einigen alternativen Erklärungsmöglichkeiten. Selbst wenn eine Beziehung von Gesundheit und Mond offensichtlich wird, können sie diese Wirkungen auf neurotische Entwicklungen, Suggestion oder Autosuggestion, Denkfehler usw. zurückführen.

Das Dumme daran ist, daß diese Möglichkeiten natürlich zutreffen *könnten* – und daher wird ein Arzt in der Regel erst einmal an diese Möglichkeiten, die er gelernt hat und die ihm bekannt sind, denken, anstatt sich für Neues zu öffnen. Das geht uns ja, wenn auch nicht in diesem Bereich, so doch in anderen, mehr oder weniger ebenso!

Es gibt heute auch viele Menschen, die esoterischen Gedanken gegenüber offen sind, dafür nun aber ihrerseits die für sie ungewohnten wissenschaftlichen oder analytischen Denkweisen völlig ablehnen. Es ist gar nicht so leicht, *allem* gegenüber offen zu bleiben.

Was können wir tun, wenn wir es mit Ärzten zu tun haben, die ja immerhin in unseren Gesundheitszustand eingreifen? Auf das medizinische Wissen und die Errungenschaften der modernen Medizin zu verzichten, wäre doch wohl zu radikal.

Bei Arztterminen haben Sie ja eigentlich immer die Möglichkeit, einen Termin auszumachen, bei dem der Mond günstig steht.

Bei Operationen besteht oft weniger Flexibilität. Inzwischen beschäftigen sich wieder viele Menschen mit dem Mond, und Chirurgen beklagen sich bereits, daß immer mehr Patienten ihre OP-Termine verschieben, wenn der Tag auf den Vollmond fällt. Das ist natürlich unbequem, aber es geht um Ihre Gesundheit! Dringende Operationen, die keinen Aufschub dulden, z.B. bei einer akuten Blinddarmentzündung, sind selbstverständlich auch bei Vollmond durchzuführen!

Es gibt im Prinzip zwei Möglichkeiten: Sie können dem Arzt die Wahrheit sagen oder andere Gründe vorschieben.

Unser Rat: Sprechen Sie dann mit Ihrem Arzt über die Wirkungen des Mondes auf die Gesundheit, wenn es nicht darum geht, daß Sie einen Termin verschieben wollen. Dann sind Sie in einer besseren Position. Sie müssen niemanden überzeugen, sondern geben lediglich Ratschläge. So könnten Sie dem Arzt beispielsweise vorschlagen, Behandlungen, die auf Vollmondtage fallen, einfach mit einem Zeichen im Krankenblatt zu markieren – die Wirkungen des Mondes wird er dann bald selbst erkennen können.

Eine weitere Argumentation, die Sie auch heranziehen können, wenn es um Sie selbst geht, bezieht sich auf das bestehende Wissen des Arztes und läßt seine eventuelle Abwehr ins Leere laufen. Gestehen Sie ein, daß es sich um »Einbildung« oder Autosuggestion handeln *könnte* – doch das ändert ja, wie die Pychosomatik lehrt, nichts an den Wirkungen! Bekanntlich ist ja der Glauben eine starke Kraft und Sie »glauben« nun einmal an die Mondkräfte...

Kräuter – Die ersten Heilmittel des Mondes

Die ersten Heilmittel der Welt wurden in Laboratorien zusammengebraut, die so effektiv und dabei auch noch so vielseitig waren, daß sie für beinahe jedes Leiden und jede Krankheit eine Hilfe bieten konnten. Diese Laboratorien arbeiteten seit Urzeiten im Rhythmus des Mondes und hatten schon den tierischen Vorfahren des Menschen Hilfe geleistet. Die Labors vergifteten weder Luft, noch Erde und Wasser – und auch nicht den Menschen, wenn er ihre Heilmittel richtig dosierte. Der einzige Nachteil: Es gab keine Beipackzettel.

Die Rede ist von den Laboratorien der Natur, den Pflanzen, oder genauer, den Kräutern. Nicht umsonst heißt es, daß gegen alles ein Kraut gewachsen ist. Die Apotheke der Natur ist so vielseitig, daß ihre Möglichkeiten noch lange nicht ausgelotet sind.

Im Gegensatz zu chemisch hergestellten Medikamenten enthalten Kräuter nicht *eine* Substanz, die ein Symptom beseitigen soll, sondern viele, oft Hunderte von Stoffen, die eine harmonische Einheit bilden, die auch heute kein Chemiker mit all seinen Apparaturen künstlich nachahmen oder auch nur vollständig analysieren kann. Deshalb ist die Naturheilkunde auch mehr als eine Wissenschaft – sie ist eine Kunst.

Kräuter sind in hohem Maße auch Heilmittel des Mondes. Der Mond ist für die Wirksamkeit und das Einsatzgebiet jedes Krautes von großer Bedeutung. Im Folgenden werden Sie erfahren, wie Sie den Mond im Kräutergarten und beim Sammeln von Kräutern nutzen können, wie Sie Kräuter anwenden können, und natürlich werden wir auch einige wichtige Kräuter und ihre Heilwirkungen vorstellen.

Kräuter selbst ziehen und sammeln

Der wichtigste Rhythmus im Garten ist das »Ein- und Ausatmen« der Erde im Wechsel des Mondes.

Bei zunehmendem Mond: Die Erde atmet aus, und die Energien, Säfte und Heilkräfte steigen nach oben. Diese Zeit ist für das oberirdische Wachstum der Pflanzen besonders vorteilhaft.

Bei abnehmendem Mond: Die Erde atmet ein. Die Säfte und Kräfte der Pflanzen konzentrieren sich mehr in den Wurzeln. Die Erde und die Pflanzen sind in dieser Zeit besonders aufnahmefähig.

Allein aus diesem Rhythmus können wir schon vieles ableiten.

Alle Kräuter (aber auch alle anderen Pflanzen), von denen Blätter, Blüten oder das gesamte Kraut verwendet werden sollen, werden am besten bei zunehmendem Mond gepflanzt oder gesät – Blüten oder Früchte am besten im zweiten Quartal (☽ – ○). Sollen die Wurzeln, Zwiebeln oder Knollen verwendet werden, liegt die günstigste Pflanzzeit im dritten Quartal (○ – ☾).

Für die Pflege des Bodens sowie für die Bekämpfung von Schädlingen ist das vierte Quartal (☾ – ●) am günstigsten. Gesät werden sollte in dieser Zeit nicht, da die Pflanzen dann in aller Regel nicht gut wachsen.

Für das Sammeln oder Ernten von Kräutern gibt es verschiedene Regeln – von ganz einfachen bis relativ komplizierten.

- Die einfachste Regel, die in jedem Fall einen guten Erfolg verspricht, ist, die Kräuter bei Vollmond - möglichst nach Sonnenuntergang oder vor Sonnenaufgang - zu ernten.
- Eine zweite Regel läßt sich aus den oben genannten Grundregeln ableiten: Sollen die *Wurzeln* oder andere unterirdische Teile der Pflanze verwendet werden, ist der abnehmende Mond (○ – ●) besser, für die oberirdischen Pflanzenteile der zunehmende Mond (● – ○).
- Die dritte Regel stellt eine Verbindung zwischen den Rhythmen des Körpers und dem Rhythmus der Pflanzen her. Besonders bei stärkeren und schweren chronischen Beschwerden eignet sich diese Methode am besten: Sammeln oder ernten Sie die Kräuter an einem Tag, in dem der Mond in dem Zeichen steht, das die betroffene Körperregion regiert.

Die zweite Regel läßt sich übrigens oft mit der dritten Regel vereinen, und wenn Sie erst einmal ein richtiger »Mondexperte« sind und darüber hinaus etwas von einem Tüftler an sich haben, können Sie die Zeiten ermitteln, an denen alle Mondfaktoren am günstigsten sind.

Wenn Sie beispielsweise an Magenbeschwerden leiden, ist ein Tee aus Bitterklee-Blättern eine sehr gute Hilfe. Da die *Blätter* verwendet werden, ist die Zeit des zunehmenden Mondes für die Ernte am besten geeignet. Da Sie das Kraut gegen *Magen*beschwerden einsetzen wollen, ist die Zeit, in der der Mond im Krebs steht, besonders günstig. Die beste Zeit für das Sammeln von Bitterkleeblättern ist also der zunehmende Mond im Krebs (das ist im Spätfrühling der Fall).

Die wichtigsten Heilkräuter und ihre Wirkungen

- **Angelika**: Hilft bei Blähungen (abnehmender Mond) und Appetitlosigkeit (zunehmender Mond). Von der Pflanze werden die *Wurzeln* für einen Tee verwendet.
- **Arnika**: Hilft bei Entzündungen, schlecht heilenden Verletzungen (abnehmender Mond) und bei Herzleiden (zunehmender Mond). Aus den *Blüten* können wir eine Tinktur, ein Mundwasser oder Umschläge herstellen.
- **Augentrost**: Hilft bei Entzündung des Lides, Gerstenkörnern (abnehmender Mond) und müden Augen (zunehmender Mond). Mit einem Absud aus dem *Kraut* tränken wir Augenkompressen.
- **Baldrian**: Hilft bei Nervosität, Schlafstörungen und Herzbeschwerden (Baldrian wirkt in allen Mondphasen gut, am hilfreichsten ist er jedoch bei Vollmond). Zur Herstellung einer Tinktur oder eines Tees wird von der Pflanze die *Wurzel* verwendet.
- **Beinwell**: Hilft bei Venenleiden, Krampfadern und schlecht heilenden Verletzungen (Beinwell sollte stets bei abnehmendem Mond verwendet werden). Aus der *Wurzel* wird ein Absud bereitet.
- **Bitterklee**: Hilft bei Magenbeschwerden (abnehmen-

der Mond) und Appetitlosigkeit (zunehmender Mond). Die *Blätter* werden für einen Tee verwendet.

- **Brennessel**: Hilft bei Gicht, rheumatischen Beschwerden und Arthritis (zunehmender Mond); außerdem wird die Brennessel zur Blutreinigung eingesetzt (abnehmender Mond). Aus dem *Kraut* wird ein Tee zubereitet.

- **Eibisch**: Entzündungen der oberen Atemwege, Bronchitis und Husten (Eibisch sollte stets bei abnehmendem Mond verwendet werden). Von der Pflanze können *Wurzel* und *Blätter* für die Herstellung eines Auzugs verwendet werden.

- **Ginseng**: Hilft bei Erschöpfungszuständen, bei Blutarmut, Konzentrationsmangel, Depressionen, Diabetes und Potenzschwäche (Ginseng sollte stets bei zunehmendem Mond verwendet werden). Die *Wurzel* wird für einen Tee verwendet.

- **Goldrutenkraut**: Hilft bei Nierenschwäche und Nierenentzündung (Goldrutenkraut wirkt in allen Mondphasen gut, am hilfreichsten ist es jedoch bei Neumond und Vollmond). Aus dem *Kraut* wird ein Aufguß bereitet.

- **Herzgespannkraut**: Hilft bei Herzbeschwerden und Schilddrüsenüberfunktion (Herzgespannkraut wirkt im abnehmenden Mond am besten). Aus dem *Kraut* wird ein Tee zubereitet.

- **Huflattich**: Hilft bei Erkältungen, Entzündungen der Atemwege, Lungenemphysem und Staublunge (Huflattich wirkt vor allem im abnehmenden Mond). Die *Blätter* und die *Blüten* werden für einen Tee verwendet.

- **Johanniskraut**: Hilft (im zunehmenden Mond) bei Erschöpfungszuständen, Wechseljahresbeschwerden, Depressionen und (im abnehmenden Mond) bei Durchfall,

Gallenproblemen und Bettnässen. Aus den *Blüten* wird mit Olivenöl ein innerlich anzuwendendes Johanniskrautöl hergestellt.

- **Kamille**: Hilft, innerlich angewandt, bei Magen- und Darmkrämpfen, Magengeschwür, Blähungen, Gastritis, inhaliert bei Bronchitis und Halsentzündungen, äußerlich angewandt bei Verletzungen und Entzündungen der Haut (Kamille entfaltet ihre Wirkung im abnehmenden Mond am besten). Für alle Anwendungen werden die *Blüten* verwendet.

- **Löwenzahn**: Hilft (im zunehmenden Mond) bei Leber- und Gallenproblemen, bei Verdauungsbeschwerden, bei Diabetes sowie bei chronischen rheumatischen Beschwerden. Aus der *Wurzel* und dem *Kraut* wird ein Absud hergestellt.

- **Mistel**: Hilft (vor allem im abnehmenden Mond) bei Bluthochdruck, Kopfschmerzen, Arthrose, Ischias und Krebs. Aus den *Blättern* wird ein Auszug bereitet.

- **Ringelblume (Calendula)**: Hilft bei Entzündungen und schlecht heilenden Verletzungen der Haut (abnehmender Mond). Die *Blüten* werden zur Herstellung von Salben und Umschlägen verwendet.

- **Schafgarbe**: Hilft (im zunehmenden Mond) bei Appetitlosigkeit und Menstruationsstörungen sowie (im abnehmenden Mond) bei Magenproblemen, Darmkrämpfen und Blähungen. Das *Kraut* wird für Tees verwendet.

- **Spitzwegerich**: Hilft (vor allem im abnehmenden Mond) bei Husten, Insektenstichen, Blutergüssen, Akne, Pickeln und Furunkeln. Aus dem *Kraut* wird ein Tee zubereitet, der sowohl für die innerliche als auch für die äußerliche Anwendung geeignet ist.

- **Teufelskralle**: Hilft (im abnehmenden Mond) bei Gicht, rheumatischen Beschwerden, Arthritis und Arthrose sowie (im zunehmenden Mond) bei Verdauungsbeschwerden, Nieren- und Blasenschwäche und ebenso bei schwachem Stoffwechsel und Erschöpfungszuständen. Aus der *Wurzel* wird ein Tee (sehr bitter) oder ein Teufelskrallewein als Tonikum zubereitet.
- **Verbena (Eisenkraut)**: Hilft (im abnehmenden Mond) bei schwacher und unregelmäßiger Menstruation sowie (im zunehmenden Mond) bei zu wenig Muttermilch während der Stillzeit. Das *Kraut* wird für einen Tee verwendet.
- **Weißdorn**: Hilft (im zunehmenden Mond) bei Herzschwäche, Kreislaufproblemen und bei Durchblutungsstörungen der Herzkranzgefäße. Aus *Blüten, Blättern* und *Früchten* wird ein Pulver oder ein Tee hergestellt.

Anwendungen mit Heilkräutern

Sie haben nun einige wichtige Kräuter und ihre Anwendungsgebiete kennengelernt. Vielleicht fragen Sie sich jedoch, wie Sie Tinkturen, Umschläge und Augenkompressen, Tees und Mundwasser, einen Absud, einen Auszug, ein Öl oder ein Tonikum herstellen können. Deshalb wollen wir die wichtigsten Anwendungen nun kurz beschreiben; wenn Sie es noch genauer wissen wollen, können Sie sich in einem der vielen Kräuterbücher informieren. Für die Dosierung bei bestimmten Krankheiten finden Sie die entsprechenden Angaben im Kapitel »Heilen mit dem Mond von A–Z «.

Tees und Aufgüsse: Diese Anwendung ist bei den meisten Kräutern sinnvoll und auch verhältnismäßig unkompliziert. Ein Tee ist leicht zubereitet und als grober Anhaltspunkt für die Dosierung gilt für alle Kräuter, daß ein Teelöffel der klein geschnittenen Pflanzenteile für eine große Tasse Tee angemessen ist – die Konzentration der enthaltenen Wirkstoffe ist ja ohnehin bei jeder einzelnen Pflanze unterschiedlich, und ein wenig Experimentierfreude und Vertrauen in die Intuition gehören zur Naturheilkunde. Für einen Kräutertee geben Sie also einfach einen Teelöffel der zerkleinerten Pflanze in eine Tasse, übergießen mit heißem, aber nicht kochendem Wasser, lassen das ganze einige Minuten lang ziehen und filtern dann die festen Bestandteile ab – fertig ist der Tee. Honig ist fast immer ein angenehmer und sinnvoller Zusatz. Ohne Honig können Sie einen solchen Tee aus den entsprechenden Pflanzen auch als Mundwasser verwenden.

Absud und Umschläge: Besonders dann, wenn Sie die Wurzeln einer Pflanze verwenden, können Sie mit einem Absud die enthaltenen Heilstoffe besser nutzen. Dazu nehmen Sie einen Eßlöffel der grob geschnittenen Wurzel auf einen Viertel Liter Wasser. Lassen Sie das Ganze langsam aufkochen und dann 15 bis 30 Minuten köcheln. Der Absud wird dann wie ein Tee getrunken, wenn Sie das Heilkraut innerlich anwenden wollen. Für Umschläge tränken Sie ein Lein- oder Baumwolltuch mit dem Absud, wringen es leicht aus, legen das Tuch auf die erkrankten Körperpartien und decken ein weiteres, trockenes Tuch darüber. Für Augenkompressen gilt dasselbe.

Auszüge: Ein Auszug wird kalt hergestellt. Dabei legen Sie die Pflanzenbestandteile (2 Teelöffel pro Tasse) über Nacht in Wasser ein. Das Gefäß sollte dabei zugedeckt werden. Auszüge sind dann sinnvoll, wenn die in den Pflanzen enthaltenen Wirkstoffe hitzeempfindlich sind.

Öle: Beim Johanniskraut hat sich als wirkungsvollste Anwendung die Herstellung eines Öls erwiesen. Auch das ist sehr einfach. Zerkleinern Sie 100 g Blüten, geben Sie sie in eine Flasche und füllen Sie mit kaltgepreßtem Olivenöl (auf kontrolliert-biologischen Anbau achten!) auf. Stellen Sie die Flasche gut verschlossen an einen warmen Platz. Schütteln Sie die Flasche einmal täglich gut durch. Nach einer Woche (besser noch 2-3 Wochen) filtern Sie die festen Bestandteile ab, und stellen Sie das fertige Johanniskrautöl in einem gut verschlossenen Behälter an einen kühlen Ort.

Tonikum: Gerade für allgemein anregende Heilkräuter ist ein Tonikum eine der besten (und angenehmsten) Anwendungen. Die Herstellung erfolgt genauso, wie bei einem Auszug, mit dem Unterschied, daß Wein (ein guter Rotwein) statt Wasser verwendet wird. Durch den Alkohol im Wein lösen sich die Inhaltsstoffe der Heilpflanze besser. Denken Sie jedoch daran, daß Sie kein Getränk, sondern ein Heilmittel hergestellt haben!

Ganz allgemein gilt, daß Kräuter immer möglichst frisch verarbeitet werden sollten. Viele Heilkräuter entfalten jedoch auch eine gute Wirkung, wenn sie getrocknet werden – das ist natürlich besonders im Winter wichtig, wenn das Sammeln von frischen Kräutern wenig erfolgversprechend ist. Wenn Sie Kräuter lagern, ist es jedoch sehr wichtig, auf drei Dinge zu achten: Die Kräuter müssen trocken, luftdicht und lichtgeschützt aufbewahrt werden – dann werden sie ihre Heilkraft lange bewahren.

Die Alternative Heilkunde und ihre Heilmittel des Mondes

Die sanften Methoden der »Neuen Medizin« haben eine andere Vorstellung von Krankheit und Gesundheit als unsere Schulmedizin. Der Mensch wird nicht als komplizierte biologische Maschine betrachtet, die bei einer Krankheit weniger funktionsfähig ist und mit Chemikalien und operativen Eingriffen repariert werden kann – die Neue Medizin geht von den Grundannahmen aus, daß Körper, Seele und Geist eine untrennbare Einheit bilden, daß *alle* Krankheiten letztlich auch im Seelischen gründen und daß wahre Gesundheit mehr ist, als ein Funktionieren aller Organe.

Die Heilmittel der alternativen Heilkunde sind demgemäß auch von ganz anderer Art als die Medikamente der Schulmedizin. Es sind sanfte, praktisch nebenwirkungsfreie Mittel – meist sind es nicht ausschließlich die Inhaltsstoffe, die wirken, sondern ihre »Energie«, »Schwingung« oder wie auch immer wir diese Qualität nennen wollen.

Im Folgenden wollen wir über ein paar weit verbreitete und bewährte Methoden der alternativen Heilkunde –

die Bach-Blütentherapie, die Gewürzheilkunde, die Aromatherapie, die Edelsteintherapie der Hildegard von Bingen sowie die »Wundermittel« Teebaumöl und Grapefruitkernextrakt – und ihre Beziehung zum Mond sprechen.Gerade diese Heilmittel sind – wie die vorhin besprochenen Kräuter – wahre Heilmittel des Mondes: Sie stammen aus der Natur und tragen den Rhythmus und die Kraft des Mondes in sich. Wenn Sie sich für die Methoden, die wir hier nur kurz vorstellen können, eingehender interessieren, können Sie in der Literaturliste im Anhang nachsehen: Dort haben wir zu jedem der angesprochenen Themen empfehlenswerte Bücher aufgeführt.

Bach-Blüten

Zu Beginn dieses Jahrhunderts entdeckte ein englischer Arzt namens Dr. Edward Bach eine neue Art von Heilmittel, das nicht auf materieller, sondern vorwiegend auf seelischer Ebene seine Wirkung entfaltet. Die 38 Blütenheilmittel Dr. Bachs sind keine Pflanzenextrakte, denn es wird der Pflanze keine materielle Substanz entnommen. Mit Hilfe von Sonnenlicht wird lediglich die der betreffenden Pflanze eigene Information, Energie oder »Schwingung« auf Quellwasser übertragen. Seelische, geistige oder körperliche Probleme können ebenfalls als (negative) Energie betrachtet werden – die positive Energie einer Bach-Blütenessenz ist der negativen Energie eines ganz bestimmten Problems entgegengesetzt und kann deshalb das Problem von innen her auflösen.

Die Bach-Blütentherapie hat mittlerweile Tausenden von Menschen geholfen, und die Essenzen sind heute in Deutschland in jeder Apotheke erhältlich.

Die Probleme, bei denen die Bach-Blütenmittel helfen, beziehen sich auf eine Reihe unterschiedlichster Persönlichkeitseigenschaften, die wiederum bestimmte Krankheitsbilder begünstigen. Obgleich sich die Bach-Blütenheilmittel auf seelische Eigenschaften beziehen, also nicht eine Krankheit des Körpers, sondern den Gemütszustand des Menschen behandeln, können sie über die Heilung der Seele auch körperliche Beschwerden auflösen – insbesondere Kombinationen von mehreren Bach-Blüten entfalten bei verschiedenen, vor allem chronischen Krankheitsbildern, eine erstaunliche Heilkraft.

Dadurch, daß wir die Kräfte des Mondes beim Einsatz der Bach-Blütenmittel berücksichtigen, können wir ihre Heilkraft noch verstärken. Die Bach-Blütenessenzen haben, als wahre Heilmittel des Mondes, Phasen (und, wenn auch weniger stark ausgeprägt, Tierkreiszeichen) in denen ihre Wirkung am stärksten ist und Phasen, in denen sie weniger deutlich wirken – was durchaus für die Fälle verantwortlich sein kann, in denen Bach-Blüten nicht zu helfen scheinen.

Für diejenigen, die die Bach-Blüten noch nicht kennen, wollen wir nun erst einmal die »38 Heiler« und ihre Bedeutung kennenlernen:

- **Agrimony**. Für Menschen, die ein übermächtiges Harmoniebedürfnis verspüren, dazu neigen, ihr Selbst zu verleugnen und sich dabei mitunter in Süchte flüchten.
- **Aspen**. Für Menschen, die unter irrationalen Ängsten leiden und leicht abergläubischen Vorstellungen verfallen.
- **Beech**. Für Menschen, die sich selbst gerne über ihre wahren Bedürfnisse täuschen, da sie einen starken Zwang zur Harmonie verspüren.
- **Centaury**. Für Menschen, die sich in übertriebenem Maße für andere opfern und dabei ihre eigene Lebensaufgabe vernachlässigen.

- **Cerato**. Für Menschen, denen es an Selbstvertrauen fehlt und die sich mit Entscheidungen schwer tun.
- **Cherry Plum**. Für Menschen, die Angst vor Geisteskrankheit und unkontrollierten Handlungen haben.
- **Chestnut Bud**. Für Menschen, die aus ihren Erfahrungen zu wenig Nutzen ziehen und deshalb die Lektionen, die das Leben lehrt, intensiver durcharbeiten müssen.
- **Chicory**. Für Menschen, die sich übertriebene Sorge um andere machen und ein wenig zu Pedanterie neigen.
- **Clematis**. Für Menschen, die zu sehr in der Vergangenheit leben und zu wenig Interesse an der Gegenwart haben.
- **Crab Apple**. Für Menschen, die unter irrationalen Gedanken und der Angst vor »Unreinheit« leiden.
- **Elm**. Für Menschen, die in Depressionen fallen, weil sie unangemessene Aufgaben übernehmen.
- **Gentian**. Für Menschen, die schnell von Zweifel und Resignation überwältigt werden und daher ihre Vorhaben oft vorschnell aufgeben.
- **Gorse**. Für Menschen, die keine Hoffnung mehr haben und an alles mit einer negativen Grundeinstellung herangehen.
- **Heather**. Für Menschen, die sich einsam fühlen und Ablenkung um jeden Preis suchen.
- **Holly**. Für Menschen, die oft von negativen Gedanken, wie Mißtrauen, Eifersucht, Neid oder Haß geplagt werden.
- **Honeysuckle**. Für Menschen, die eine tiefe Trauer empfinden und nur noch in der Vergangenheit leben.
- **Hornbeam**. Für Menschen, die sich sehr gestreßt und übermüdet fühlen und Angst davor haben, nichts mehr leisten zu können.
- **Impatiens**. Für Menschen, die zu Ungeduld, Hektik und übermäßiger Eile neigen.
- **Larch**. Für Menschen, die über zu wenig Selbstwertge-

fühl verfügen und sich zu wenig Mühe geben, ihre Ziele zu erreichen.

- **Mimulus**. Für Menschen, die sich vor alltäglichen Dingen fürchten und zu einer Schweigsamkeit neigen, die von anderen häufig mißverstanden wird.
- **Mustard**. Für Menschen, die unter Schwermut leiden und am Alltag verzweifeln.
- **Oak**. Für Menschen, die nicht loslassen können und mit ihrem Leben oft unzufrieden sind.
- **Olive**. Für Menschen, die durch körperliches oder seelisches Leid so erschöpft sind, daß sie keine Kraft und Lebensfreude mehr haben.
- **Pine**. Für Menschen, die an Schuldgefühlen leiden und immer wieder an sich selbst zweifeln.
- **Red Chestnut**. Für Menschen, die unangemessene Angst um andere Menschen haben
- **Rock Rose**. Für Menschen, die Panik oder sehr große Angst verspüren oder sich in einer Notfallsituation befinden.
- **Rock Water**. Für Menschen, die übertriebene Selbstdisziplin üben und oft zu hart zu sich selbst sind.
- **Scleranthus**. Für Menschen, die unter Entscheidungsschwäche leiden und daher oft wankelmütig erscheinen.
- **Star of Bethlehem**. Für Menschen, die von einem schwerwiegenden Ereignis, wie dem Verlust eines geliebten Menschen, betroffen sind.
- **Sweet Chestnut**. Für Menschen, die so verzweifelt sind, daß sie es kaum noch aushalten können und manchmal sogar denken, daß der Tod der einzige Ausweg wäre.
- **Vervain**. Für Menschen, die zu fixen Ideen, zwanghaften Gedanken und Vorstellungen neigen.
- **Vine**. Für Menschen, die sich gerne über andere setzen, das Wort angeben wollen und einen gewissen Missionierungsdrang verspüren.

- **Walnut**. Für Menschen, die zu übertriebenem Idealismus neigen, aber zu aufnahmebereit für Ideen anderer und daher leicht zu beeinflussen sind.
- **Water Violett**. Für Menschen, die sich von anderen Menschen zurückziehen und immer Distanz wahren.
- **White Chestnut**. Für Menschen, die unter ständig wiederkehrenden, negativen Gedanken leiden.
- **Wild Oat**. Für Menschen, die einerseits ehrgeizig sind, andererseits aber unter Entscheidungsschwäche leiden und sich zu sehr den Genüssen hingeben.
- **Wild Rose**. Für Menschen, die fast schon resigniert haben, denen das Leben nur noch Freudlosigkeit bedeutet und die nahe daran sind, sich aufzugeben.
- **Willow**. Für Menschen, die verbittert sind und daher einen gewissen Zynismus entwickelt haben.

Sie sehen: Die Bach-Blütentherapie hat einige sehr differenzierte Hilfsmittel zu bieten. In der folgenden Tabelle sehen Sie, wann welche Blütenessenz ihre stärkste Wirkung entfaltet.

Beste Wirkung		**Bach-Blütenmittel**
1. Quartal	● bis ☽	Beech, Elm, Gorse, Holly, Larch, Mustard, Scleranthus, Wild Rose
2. Quartal	☽ bis ○	Cerato, Chestnut Bud, Chicory, Clematis, Gentian, Hornbeam, Olive, Pine, Walnut, Water Violett, White Chestnut
3. Quartal	○ bis ☾	Aspen, Centaury, Honeysuckle, Impatiens, Rock Water, Vervain, Wild Oat
4. Quartal	☾ bis ●	Agrimony, Crab Apple, Heather, Mimulus, Oak, Red Chestnut, Vine, Willow
Neumond	●	Star of Bethlehem, Sweet Chestnut
Vollmond	○	Cherry Plum, Rock Rose

Wir empfehlen Ihnen, die Blütenheilmittel möglichst nur in der jeweils günstigsten Mondphase einzunehmen. (Eine Ausnahme bildet *Rock Rose*, wenn das Heilmittel bei einer Notfallsituation, die natürlich keinen Aufschub erlaubt, angewandt wird.)

Da jeder Mensch ein vielschichtiges Wesen ist, eignen sich für jeden mehrere Bach-Blütenmittel. Daher wird oft eine Mischung aus bis zu fünf Blütenessenzen empfohlen. Wenn Sie nun die Blütenmittel im Rhythmus des Mondes wechselnd einnehmen, so fördern Sie damit die positiven Wirkungen der Bach-Blütentherapie beträchtlich! Zudem haben Sie mit der obenstehende Tabelle ein Mittel an der Hand, um festzustellen, ob Ihre Heilmittelkombination harmonisch ist: Wenn Sie ein Mittel für jede Mondphase (oder aber auch nur zwei Heilmittel, eines für den zunehmenden und eines für den abnehmenden Mond) wählen, können Sie sicher sein, daß die Blütenheilmittel Ihre innere Harmonie und Intuition fördern.

Mit den Mitteln, die wir für die Neumond- und Vollmondtage zusätzlich aufgeführt haben, hat es eine besondere Bewandtnis, auf die wir noch zu sprechen kommen werden.

Für die Einnahme der Bach-Blüten gilt: Dreimal täglich drei Tropfen. In akuten Krisen können Sie jedoch auch öfter von den Bach-Blüten Gebrauch machen, denn bei der Bach-Blütentherapie gibt es keine Überdosierung und keine Nebenwirkungen – schon allein deshalb ist sie so ein hervorragendes Heilmittel.

Im folgenden erfahren Sie, wie Sie die Mondkräfte im Zusammenhang mit der Bach-Blütentherapie außerdem nutzen können.

Die Herstellung von Bach-Blüten-Heilmittelvorräten

Bach-Blüten sind unglaublich effizient, was unter anderem darauf beruht, daß es nicht so sehr auf das Mittel, sondern auf die »Energie« des Heilmittels ankommt. Die kleinen 30 ml Vorratsfläschchen, die Sie kaufen können, ergeben daher eine große Menge Heilmittel. Sie benötigen nur zwei Tropfen aus einer solchen Vorratsflasche auf ein Fläschchen reines Wasser (evtl. mit etwas Alkohol), um ein Fläschchen Heilmittel zu erhalten.

Wir haben ja schon anfangs über das »Gesetz der Berührung« gesprochen. Der Zeitpunkt der Berührung läßt die zu dieser Zeit herrschenden Mondenergien in dem berührten Objekt besonders wirksam werden. Konkret heißt das: Wenn Sie Bach-Blüten einkaufen, können Sie bereits die Wirkung des Mittels nutzen, vor allem aber natürlich beim Herstellen des Heilmittels.
Dafür gilt: *Unabhängig von dem Bach-Blütenmittel ist die beste Zeit, das Heilmittel aus der Essenz der Vorratsflasche zu gewinnen, der abnehmende Mond – zu dieser Zeit wird die Energie besonders gut übertragen, und überdies bleibt das Heilmittel dann länger haltbar.*

Voll- und Neumondtropfen

In der obigen Tabelle haben wir vier Bach-Blüten aufgeführt, die eine besondere Kraft bei Neu- bzw. Vollmond entfalten: *Star of Bethlehem, Sweet Chestnut, Cherry Plum* und *Rock Rose*. Die Tage, an denen der Mond »wechselt«, bringen besonders starke Energieimpulse mit sich, auf die manche Menschen besonders empfindlich reagieren. Die Neu- und Vollmondmittel helfen dabei, die Kräfte harmonischer zu empfinden.

Bei Vollmond reagieren einige Menschen mit Angstzuständen oder »drehen durch« – mit einer Kombination von *Cherry Plum* und *Rock Rose* können diese Probleme oft aufgelöst werden. Bei Neumond empfinden einige Menschen die Dunkelheit am Himmel auch in ihrer Seele; mit den Bach-Blüten *Star of Bethlehem* und *Sweet Chestnut* kann auch hier geholfen werden.

Übrigens sollten auch Menschen, die an den Problemen leiden, bei denen die vier genannten Blüten helfen, die Heilmittel an Neu- bzw. Vollmondtagen einnehmen – durch die Synchronisation mit dem Mond werden die Schwierigkeiten eher an ihrer Wurzel gepackt.

Gewürzheilkunde

Die Gewürzheilkunde hat eine uralte Tradition. Schon in vorgeschichtlichen Zeiten wurden Gewürze für Heilung und kultische Zwecke verwendet – ähnlich wie die Kräuterheilkunde. Die Kräuterheilkunde ist heute wieder in aller Munde, doch das Wissen um die Heilkraft der Gewürze wird erst allmählich wieder bekannt. Dabei haben Gewürze Eigenschaften, die sie zu idealen Heilmitteln des Mondes machen.

Gewürze sind ganzheitliche Heilmittel, die eine große Anzahl teilweise noch unbekannter Stoffe enthalten, die in ihrer einmaligen Kombination ungeahnte Wirkungen auf Körper, Seele und Geist haben. Sie sprechen (wie die Aromatherapie) den Geruchssinn an, harmonisieren die Verdauung und helfen uns so, Giftstoffe besser auszuscheiden, geben all unseren Organen positive Energien, und geben nicht zuletzt (vergleichbar mit den Bach-Blüten) unserer Seele die Chance zur wahren Heilung.

Um die Gewürze ihrer Wirkung nach einzuordnen, hat sich ein uraltes System als besonders sinnvoll erwiesen:

Die Elementelehre, die den alten Griechen und, in etwas abgewandelter Form, auch den Chinesen bekannt war. Diese »Elemente« – Feuer, Luft, Wasser und Erde – sind natürlich nicht die Elemente unserer wissenschaftlichen Chemie, sondern grundlegende Wirkprinzipien.

- *Feuer:* heiß, anregend, stärkend
- *Luft:* beweglich, beruhigend, stärkend
- *Wasser:* ausgleichend, beruhigend, reinigend
- *Erde:* festigend, anregend, reinigend

Was aber haben nun diese Elemente mit dem Mond zu tun? Sehr viel: Denn die Astrologie bezieht sich ebenfalls auf diese Elementelehre! Jedes der zwölf Tierkreiszeichen wird einem Element zugeordnet – und wie der Mond im Tierkreis auf unseren Körper wirkt, wissen Sie ja schon.

Im folgenden finden Sie einige wichtige und besonders wirksame Gewürze beschrieben, ihre Wirkungen auf Körper und Seele erklärt und ihre Zuordnung zu den Elementen angegeben – und damit zu den Tierkreiszeichen, in denen sie ihre stärkste Wirkung entfalten.

Feuer

Widder – Löwe – Schütze
anregend und stärkend

- **Koriander**: Dieses Gewürz hilft vor allem in der Rekonvaleszenz und bei Erschöpfung, aber es hat sich auch bei der Behandlung von Migräne und Potenzstörungen als hilfreich erwiesen.

- **Kurkuma**: Bei chronischen Leber-, Gallen- und Darmproblemen wurde Kurkuma schon vor langer Zeit in Indien verwendet. Das Gewürz hilft auch dabei, unreine Haut und Allergien in den Griff zu bekommen.

- **Pfeffer**: Pfeffer ist das Gewürz bei jeder Art von trüber Stimmung. Es gibt Energie, aktiviert, löst düstere Gedanken auf und führt uns zu unserer unterdrückten Sinnlichkeit. Pfeffer hilft bei Depressionen, Potenzstörungen, allgemeiner Müdigkeit und Konzentrationsmangel. Eine starke Wirkung hat das Gewürz auch auf die Verdauung.

- **Safran**: Ein Problem, das häufig mit der Depression verbunden ist, ist ein Mangel an Liebesfähigkeit. Safran erhöht unsere »Herzkraft« und unsere Fähigkeit Liebe zu empfangen und Liebe zu geben. Außerdem hilft Safran bei Menstruationsbeschwerden, Unfruchtbarkeit und Impotenz.

- **Vanille**: Vanille ist ein besonders »sinnliches« Gewürz. Es löst die Angst vor Zärtlichkeit und beseitigt Blokkaden, die zu einen Mangel an Kreativität und Sinnlichkeit geführt haben – Symptome, unter denen depressive Menschen häufig leiden. Eine erstaunliche Wirkung entfaltet Vanille auch bei Pilzinfektionen, Ekzemen, oft sogar bei Neurodermitis, sowie bei Augenleiden.

Luft

Zwillinge – Waage – Wassermann
beruhigend und stärkend

- **Gewürznelke**: Bei Schmerzen, insbesondere Zahnschmerzen, bei Entzündungen, Arteriosklerose und Durchblutungsstörungen zeigt das Gewürz eine erstaunliche Kraft. Außerdem wirkt es blutreinigend und im seelischen Bereich hilft es, Schüchternheit zu überwinden.

- **Kreuzkümmel**: Er wirkt bei Erschöpfungszuständen, die durch eine Anämie (Blutarmut) ausgelöst werden, außerdem ist er blutreinigend. Darüber hinaus ist das Gewürz auch bei allen Lungenkrankheiten von Nutzen.

- **Muskat**: Muskat ist ein sehr stark wirksames Gewürz und muß vorsichtig dosiert werden! Es hilft bei Rheuma, Gicht und Bronchitis, unterstützt die Entgiftung der Leber und wirkt Potenzstörungen entgegen.
- **Zimt**: Bei allen chronischen Krankheiten wirkt dieses Gewürz. Besondere Anwendungsgebiete sind Kreislaufschwäche,Durchblutungsstörungen und Atembeschwerden. Im geistig-seelischen Bereich hilft es, Ängste und Konzentrationsmangel zu über-winden.

Wasser

Krebs – Skorpion – Fische
beruhigend und reinigend

- **Ingwer**: Ingwer hat sich besonders bei nervösem Magen und auch bei Reisekrankheit bewährt. Das Gewürz ist jedoch sehr vielseitig; es wirkt immunstärkend und hilft bei Rheuma, Osteoporose und allgemeiner Nervosität.
- **Kalmus**: Bei Blähungen und Übersäuerung des Magens ist Kalmus oft von größerem Nutzen als so manches Medikament. Wie die meisten Gewürze hat auch Kalmus im seelischen Bereich Auswirkungen; es hilft dabei, Verlustängste oder Eifersucht zu überwinden.
- **Kümmel**: Recht bekannt sind die körperlichen Wirkungen dieses Gewürzes; es wirkt lindernd bei Darmkrämpfen, Blähungen und Bronchitis. Weniger bekannt ist, daß es auch hilft, starke Triebe, sei es nun Eßsucht, einen übermäßigen Drang nach Alkohol oder Sex, in den Griff zu bekommen.

- **Mohn**: Bei chronischen Schmerzzuständen, auch bei Gastritis oder Magengeschwüren, sowie bei Schlafstörungen ist das Gewürz eine große Hilfe.

Erde

Stier – Jungfrau – Steinbock
anregend und reinigend

- **Anis**: Das Gewürz wird seit jeher in der Medizin sehr vielseitig verwendet; bei Blähungen, Bauchkrämpfen einerseits, als auch bei Erkältungskrankheiten und Husten andererseits. Weniger bekannt ist, daß Anis bei Übergewicht, Wechseljahrsbeschwerden, Erschöpfungszuständen aufgrund von Streß, bei Einschlafproblemen und Alpträumen erfolgreich eingesetzt werden kann.
- **Kardamom**: Bei allen chronischen Krankheiten ist Kardamom eine wertvolle Hilfe, ebenso bei Stoffwechselstörungen und Herzkrankheiten. Im seelischen Bereich wirkt es einem Mangel an Selbstliebe entgegen.
- **Piment**: Das Gewürz tut besonders gut bei Nervosität und Streß. Eine weitere, sehr spezielle Wirkung übt es auf unsere Kopfhaut aus, wo es Haarausfall mindert und Schuppen bekämpft.
- **Sternanis**: Besonders bei Rheuma hat sich Sternanis, ein uraltes chinesisches Gewürz, bewährt. Im seelischen Bereich hilft es bei Berührungs- und Kontaktängsten.

Anwendungen in der Gewürzheilkunde

Die bekannteste Möglichkeit, Gewürze einzusetzen, besteht natürlich darin, unsere Speisen zu würzen. Das ist sicherlich auch empfehlenswert, doch werden wir dabei wohl eher auf die geschmackliche als auf die gesundheitsfördernde Wirkung achten – eine Nudelsuppe mit Zimt, Vanille oder Kardamom ist wahrscheinlich nicht besonders schmackhaft (wir haben es allerdings nicht ausprobiert...). Immerhin sind jedoch sehr viele Gewürze gut für die Verdauung.

Wir können jedoch alle Gewürze für Tees, Inhalationen, Umschläge, homöopathische Gewürzheilmittel, einen Gewürzsud – die einfachste und vielseitigste Methode – verwenden. Im Gewürzsud, den wir im folgenden kurz beschreiben wollen, vereinen sich die körperlichen und die seelischen Kräfte der Gewürze besonders harmonisch.

Für einen Gewürzsud geben Sie einen halben Teelöffel Gewürz bzw. Gewürzmischung frisch gemahlen in ca. ½ Liter heißes, aber nicht kochendes Wasser, lassen fünf Minuten lang ziehen und filtern dann die festen Bestandteile (mit einem Kaffeefilter) heraus. Das gefilterte Wasser, der Gewürzsud, ist das Heilmittel. Nehmen Sie davon ein- bis fünfmal täglich einen Eßlöffel ein. Sie können ihn aber auch für warme und kalte Umschläge verwenden.

Gewürze können Ihnen die Energie geben, die Sie benötigen, um Ihre körperlichen Leiden oder Ihre seelischen Beschwerden von innen heraus zu lindern und tiefgreifend aufzulösen. Allerdings sollten Sie diese Energie dann auch aktiv positiv einsetzen!

Aromatherapie

Die Nase ist sozusagen »das Auge unseres Unterbewußtseins«. Geruchswahrnehmungen kommunizieren direkter als alle anderen Sinne mit unseren Gefühlen, Erinnerungen, Erfahrungen und seelischen Verletzungen – mit unserem Unterbewußtsein.

Wir können schon ahnen, daß es mit dem Geruchssinn etwas besonderes auf sich hat, wenn wir wissen, daß der Geruchsnerv, der vom sogenannten »Riechfeld« in der Nasenschleimhaut ausgeht, direkt mit dem Gehirn in Verbindung steht – der Geruchsnerv ist also eine Art »Gehirnfortsatz«. Der Teil des Gehirns, der mit dem Geruchsnerv verbunden ist, ist das sogenannte »limbische System«, ein entwicklungsgeschichtlich uralter Teil unseres Gehirns, der eine Art Schaltstelle zwischen Gefühlen, Bewußtseinsvorgängen und körperlichen Abläufen, wie dem Hormonhaushalt ist. Gerüche wirken daher – über das limbische System – sowohl auf körperlicher, emotionaler und seelischer Ebene. Ätherische Öle bieten sich deshalb als ganzheitliche, harmonisierende Heilmittel an.

Die starke Wirkung von Düften hat aber auch psychologische Ursachen. Unser Gedächtnis ist nicht wie ein Computer aufgebaut, und unsere Erinnerungen sind keine festen Daten, sondern ein kompliziertes Geflecht aus optischen, akustischen und geruchlichen Wahrnehmungen. Und der Geruch ist am engsten mit unseren Gefühlserinnerungen verbunden – deshalb rufen bestimmte Gerüche auch so häufig alte Erinnerungen aus der Kindheit ganz lebhaft wach. Für die Aufarbeitung unserer Vergangenheit, um unsere gegenwärtigen Probleme zu begreifen und aufzulösen, sind Düfte ein wunderbares Hilfsmittel.

Aromaöle sind wunderbare Heilmittel aus der Apotheke der Natur. In den ätherischen Ölen sind die Kräfte einer Pflanze sehr konzentriert – auch die Verbundenheit mit den natürlichen Rhythmen. Wie bei so vielen natürlichen Heilmitteln, können wir die Vorzüge der Aromatherapie noch intensiver erfahren, wenn wir die Wechselbeziehungen mit den Mondkräften berücksichtigen.

Denjenigen, für die die Aromatherapie neu ist, wollen wir aber nun erst einmal 21 wichtige Aromaöle und ihre Bedeutungen vorstellen.

- **Anis**: Für diejenigen, die an chronischer Müdigkeit leiden und das Gefühl haben, gestreßt zu sein. Das Öl ist auch bei Magenbeschwerden und Migräne hilfreich.
- **Cajeput**: Für diejenigen, die über eine überschießende Energie verfügen und sich gehetzt und getrieben fühlen. Im körperlichen Bereich hilft Cajeput bei Lungenproblemen und Rheuma.
- **Geranie**: Für diejenigen, die nicht wissen, was ihre Ziele sind und Angst vor der Zukunft haben. Geranienöl hilft auch bei Nierenbeschwerden, wie beispielsweise Nierensteinen.
- **Lavendel**: Für diejenigen, die gegen widersprüchliche Gefühle zu kämpfen haben. Das Öl hilft auch bei Bronchitis und Herzbeschwerden.
- **Lemongrass**: Für diejenigen, die ihre Trägheit und ihre inneren Widerstände davon abhalten, ihre Ziele zu erreichen. Das Öl hilft auch dabei, lästige Parasiten loszuwerden.
- **Mandarine**: Für diejenigen, die unter Nervosität, Krämpfen oder Schlafstörungen leiden.
- **Myrrhe:** Das Öl fördert die Intuition und hilft dabei, seelische Blockaden aufzulösen.

- **Neroli**: Für diejenigen, die häufig nervös sind und unter großen geistigen, körperlichen und seelischen Spannungen leiden. Auch bei Herzbeschwerden hilft Neroli.

- **Niaouli**: Für diejenigen, denen es an Lebensenergie mangelt. Das Öl hilft auch bei Hautbeschwerden aller Art (während Niaouli auf die *Anlage* für Hautprobleme heilsam einwirkt, ist das dem Niaouli-Öl verwandte »Wundermittel« Teebaumöl, das wir noch gesondert besprechen werden, bei konkreten Beschwerden besser geeignet).

- **Origano**: Für diejenigen, die häufig zu Ungeduld und Hektik neigen. Auch bei unregelmäßiger Menstruation hilft Origano.

- **Patchouli**: Für diejenigen, die spüren, daß sie älter werden und sich davor fürchten, geistig abzubauen. Im körperlichen Bereich findet es vor allem bei Hautproblemen und Pilzbefall Anwendung.

- **Petitgrain**: Für diejenigen, die sich nicht konzentrieren können und für Menschen, die unter Herzbeschwerden leiden.

- **Pfefferminz**: Für diejenigen, die an Schwächezuständen, auch im sexuellen Bereich leiden, für Menschen die von Lungenkrankheiten oder Migräne betroffen sind. Außerdem fördert das Öl die Kreativität.

- **Rosenholz**: Für diejenigen, die gegen das Gefühl der Sinnlosigkeit ankämpfen und in einer Glaubenskrise stecken. Mitunter hilft es auch bei Migräne.

- **Rosmarin**: Für diejenigen, die unter Energiemangel leiden, Probleme mit Leber oder Galle haben, oder von Diabetes betroffen sind. Rosmarin fördert außerdem die Durchblutung und wirkt verjüngend.

- **Sassafras**: Für diejenigen, die von Suchtproblemen betroffen sind – es hilft einen neuen Anfang zu machen. Bei Hautproblemen und Gicht schafft Sassafras oft Linderung.
- **Thymian**: Für diejenigen, die häufig unter beunruhigenden Alpträumen leiden.
- **Vetiver**: Für diejenigen, die wenig oder gar nicht träumen, oder die darunter leiden, das sie zu wenig Phantasie besitzen.
- **Ysop**: Für diejenigen, die unter einem Mangel an Selbstvertrauen leiden. Es hilft auch bei niedrigem Blutdruck.
- **Zedernholz**: Für eine bessere Harmonie von Körper, Seele und Geist. Außerdem findet das Öl Anwendung bei Problemen mit der Kopfhaut, beispielsweise bei Schuppen.

Beste Wirkung		**Ätherisches Öl**
1. Quartal	● bis ☽	Eukalyptus, Geranie, Niaouli,Rosenholz, Sassafras
2. Quartal	☽ bis ○	Anis, Lemongrass, Origano, Ysop
3. Quartal	○ bis ☾	Cajeput, Mandarine, Pfefferminz
4. Quartal	☾ bis ●	Neroli, Patchouli, Petitgrain, Rosmarin, Zedernholz
Allgemein	●☽○☾	Lavendel, Myrrhe
Sondermittel	○ ●	Thymian, Vetiver

Allgemeine Mondmittel

Die beiden folgenden Öle sind nicht einer bestimmten Mondphase zuzuordnen – dennoch sind sie »Heilmittel des Mondes«. Sie verstärken die Intuition und bringen Seele und Körper in ein natürliches Gleichgewicht. Durch die regelmäßige Anwendung einer Kombination beider Mittel werden Sie allmählich die Kräfte des Mondes deutlicher spüren und somit auch für Ihr Leben nutzen können.

- *Lavendel*: Für diejenigen, die gegen widersprüchliche Gefühle zu kämpfen haben. Das Öl hilft auch bei Bronchitis und Herzbeschwerden.
- *Myrrhe*: Das Öl fördert die Intuition und hilft dabei, seelische Blockaden aufzulösen.

Vollmond-Neumond-Kombination

Thymian und Vetiver sind wie die zwei Seiten einer Medaille. Erst beide Seiten zusammen sind die ganze Medaille. Die Kombination beider Mittel spricht ganz unterschiedliche Menschentypen an, die dennoch eines gemeinsam haben: Sie spüren die Kräfte des Mondes nicht in einer angemessenen, ihnen förderlichen Art und Weise. Entweder sie reagieren besonders sensibel auf den Mond, oder sie haben sich von den natürlichen Rhythmen bereits ein ganzes Stück weit entfernt.

- *Thymian*: Für diejenigen, die unter beunruhigenden Alpträumen leiden. Dieses Öl wirkt am besten an den Tagen um den Neumond. An Vollmondtagen sollten Menschen, die Thymian bei Neumond einsetzen, Vetiver (s.u.) verwenden.
- *Vetiver*: Für diejenigen, die wenig oder gar nicht träumen, oder die darunter leiden, das sie zu wenig Phantasie besitzen. Vetiver ist das Komplementäröl zu Thymian, d.h. es wirkt ebenfalls an den Tagen um den Vollmond am besten und sollte an Neumondtagen durch Thymian ergänzt werden. An Vollmondtagen sollten also Menschen, die Vetiver bei Neumond einsetzen, Thymian (s.o.) verwenden.

Der Umgang mit ätherischen Ölen

Mittlerweile sind ätherische Öle fast überall erhältlich: In Apotheken, in Bioläden und sogar in Kaufhäusern. Wenn Sie ätherische Öle nicht nur einsetzen, weil sie die angenehmen Düfte genießen wollen, sondern um Krankheiten, Beschwerden und Probleme zu heilen oder zu lindern, ist es von großer Wichtigkeit, daß Sie nur 100% naturreine Öle verwenden, da nur diese über die Spuren an »Verunreinigungen« verfügen, die das Öl in seinem Geruch und vor allem in seiner Heilwirkung einmalig machen!

Es gibt einige Möglichkeiten, ätherische Öle in der Heilkunde einzusetzen und einige eignen sich auch für den »Hausgebrauch«.

Die einfachste Form der Anwendung ist das *Verdampfen* der Öle in einer Duftlampe – in ein Schälchen Wasser, das von einem Teelicht erhitzt wird, werden maximal fünf Tropfen Öl gegeben. Besonders um Stimmungen positiv zu beeinflussen und eine angenehme Atmosphäre zu schaffen, ist diese Anwendung hervorragend geeignet.

Es ist auch möglich, um Beschwerden intensiver anzugehen, die Öle zu *inhalieren*. Dazu geben Sie heißes Wasser in eine Schüssel, geben maximal drei Tropfen Öl hinzu, beugen sich über die Schüssel (mit mindestens 20 cm Abstand und ohne Tuch über dem Kopf!) und inhalieren die Dämpfe einige Minuten lang.

Eine sehr angenehme Möglichkeit besteht darin, ätherische Öle als *Badezusatz* einzusetzen. Dazu vermischen Sie vier bis acht Tropfen ätherisches Öl mit etwas Mandelöl oder süßer Sahne. Diese Mischung geben Sie erst dann zum Badewasser, wenn die Wanne gefüllt ist. (Sonst verflüchtigen sich die ätherischen Öle, bevor Sie sie nutzen konnten!)

Die meisten ätherischen Öle kann man auch *einnehmen* – besonders dann, wenn es um Beschwerden im körperlichen Bereich geht. Dazu geben Sie ein bis zwei Tropfen Öl auf ein Stück Zucker oder in ein mittelgroßes Glas heißes Wasser.

Vorsicht: Auch hundertprozentig natürliche Stoffe, wie reine Aromaöle, können – wenn auch selten – Allergien auslösen! Seien Sie daher mit Ölen, die Sie noch nicht kennen, ein wenig vorsichtig und inhalieren Sie nicht gleich eine Stunde lang! Allergien haben allerdings auch oft etwas mit seelischer Abwehr zu tun, und es kann sehr interessant sein, dem nachzugehen, was ein allergieauslösender Duft seelisch auslöst.

- Folgende ätherische Öle sollten nicht während der Schwangerschaft eingesetzt werden: *Anis, Myrrhe, Rosmarin, Ysop, Zedernholz*.
- *Sassafras* sollte nie eingenommen und immer niedrig dosiert werden!
- *Lavendel* sollte nicht zusammen mit eisenhaltigen Medikamenten angewandt werden

Die Edelsteinmedizin der Hildegard von Bingen

Die Heilige Hildegard von Bingen (1098-1179) war nicht nur eine der interessantesten Frauen des Mittelalters, die einzige Klostergründerin des 12. Jahrhunderts, sondern auch die erste »Ärztin« Deutschlands – sie hinterließ zwei wichtige naturheilkundliche Werke: *Causa et Cura* und *Physica*, in denen sie Heilmittel für eine Vielzahl von Krankheiten beschreibt. Die interessantesten, wenn auch für unser Denken ungewöhnlichsten Hildegard-Heilmittel, sind wohl die Edelsteine.

Edelsteine als Heilmittel tauchen schon sehr früh in der Geschichte der Menschheit auf: als Talismane, Amulette und Fetische, als Zaubermittel und Quellen der Heilung. Schon im alten Ägypten, noch vor der Zeit der Pyramiden, wurden viele Edelsteine zu kultischen Zwecken eingesetzt, und man glaubte sogar, daß die Götter selbst aus Edelsteinen bestünden. In der Bibel finden sich ebenfalls viele Stellen (beispielsweise Mos. 28,16 ff oder die Offenbarung des Johannes 21,18ff), die auf die Kraft der Edelsteine hinweisen.

Hildegard sagte: *»Die Edelsteine ... haben Feuer, Wasser, viele Kräfte und Wirkungen, so daß sie vieles bewirken können, was gut, ehrenhaft und nützlich ist. Die Natur der Edelsteine sucht Gutes und Nützliches.«*

Edelsteine wirken also negativen Kräften entgegen. Am ehesten kann man sich Wirkung als Energiefeld vorstellen, das harmonisch und heilend auf die Lebensenergie des Menschen strahlt. Die Edelsteinenergie durchdringt Körper, Seele und Geist und befreit ihn von schädlichen Einwirkungen. Das geht allerdings nicht von einem Moment auf den anderen, sondern dauert seine Zeit – allerdings wird die Heilung auch entsprechend tiefergehender und gründlicher sein als mit konventionellen Arzneimitteln.

Edelsteine wirken also im Bereich der chronischen und seelisch bedingten Krankheiten am besten. Gerade bei langwierigen Beschwerden, denen mit anderen Mitteln nicht mehr beizukommen ist, ist die Edelstein-Medizin Hildegards zu empfehlen.

Die Anwendung der Edelsteintherapie

Edelsteine wirken »feinstofflich«, d.h. sie beeinflussen die Energien im menschlichen Körper. Das bedeutet auch,

daß Edelsteine in der Regel nicht eingenommen werden, wie Medikamente. Vor Hildegard war das durchaus üblich. Unter größten Mühen wurden Edelsteine – die die härtesten natürlichen Stoffe sind! – zermahlen und zu Medizin verarbeitet. Erst Hildegard von Bingen erkannte die eigentliche Natur der Edelsteine und setzte sie stets als Ganzes ein.
Von den vielen ganzheitlichen Anwendungsformen, die Hildegard für Edelsteine beschreibt, wollen wir drei nennen:

Das Elixier: Elixiere sind flüssige Heilmittel, die die Heilkraft eines Edelsteins in sich tragen. Es gibt prinzipiell drei Möglichkeiten, Elixiere herzustellen. Entweder wird der Stein für drei Tage in reines Quellwasser gelegt und für zwei Stunden in die Sonne gestellt, oder er wird in reinem Quellwasser für etwa eine halbe Stunde erwärmt. Die wirksamste Methode ist die Sonnenmethode – allerdings ist dabei darauf zu achten, daß während dieser Zeit kein Schatten auf das Elixier fällt. Das mit dem Edelstein »imprägnierte« Wasser ist das Heilmittel (das natürlich ohne den Stein eingenommen wird!).

Das Tonikum: Auch beim Tonikum handelt es sich um ein flüssiges Heilmittel, doch ist der Träger hier Wein. Die Sonnenkraft, die im Wein steckt, ersetzt die Sonne, die zur Herstellung eines Elixiers notwendig ist. Wird ein Tonikum bei einem akuten Problem eingesetzt, so legt man den entsprechenden Edelstein in den Wein und trinkt direkt aus dem Glas – natürlich ohne den Stein mitzutrinken! Wenn ein Tonikum dagegen bei chronischen und psychischen Beschwerden helfen soll, wird eine größere Menge Wein (1/2 – 1 Liter) mit dem Edelstein »imprägniert«. Das dauert dann allerdings mehrere Stunden, manchmal sogar Tage. Wenn Sie ein Edelstein-Tonikum herstellen, sparen Sie nicht am

Wein! Es muß kein besonders teuerer sein, aber ein guter Wein, ohne Zusätze, mit möglichst wenig Zucker.

Der Kontakt mit dem Stein: Die einfachste Anwendung von Edelsteinen ist, sie zu berühren. Dabei gibt es je nach Problembereich die unterschiedlichsten Möglichkeiten; der Stein kann einfach in die Hand genommen werden; wenn er intensiver wirken soll, wird er über einer Ader am Körper getragen, und wenn wir eine kurze, aber besonders starke Wirkung wünschen, nehmen wir ihn in den Mund.

Die 12 wichtigsten Edelsteine der Hildegard-Medizin

Daß wir gerade zwölf Steine ausgewählt haben, ist kein Zufall. Seit jeher werden nämlich die Edelsteine mit den Zeichen des Tierkreises in Verbindung gebracht – auf diese Art und Weise können wir die Edelsteine auch als Heilmittel des Mondes betrachten. Wir haben für jedes Zeichen einen Stein, den Hildegard nennt, aufgeführt, so daß Sie, wenn Sie möchten, eine »Edelsteinkur« machen können, indem Sie für jedes Tierkreiszeichen, das der Mond durchläuft, den Edelstein anwenden, der in dieser Zeit seine besondere Kraft entfaltet.

Im folgenden beschreiben wir die Wirkungen der Edelsteine. In der nachfolgenden Tabelle können Sie die Zuordnung der Steine zu den Tierkreiszeichen ablesen.

- **Achat**: Hildegard empfiehlt den Achat bei Insektenstichen, Hautunreinheiten, Schlafwandeln und sogar Epilepsie. Darüber hinaus sagt sie auch, daß der Achat *»klug im Gespräch«* macht und die Sensibilität für andere Menschen erhöht.
- **Amethyst**: Hildegard nennt den Amethyst als Heilmittel gegen Hautprobleme im Gesicht und gegen Parasiten (Läuse).

- **Aquamarin**: Hildegard führt den Aquamarin bei zwei Problemen auf: Vergiftungen und Streitsucht.
- **Bergkristall**: Hildegard empfiehlt den Bergkristall als Heilmittel gegen Sehstörungen, Kropf, Herz-Magen-Darm-Probleme, Ohnmachts- und Schwächeanfälle, sowie Ekzeme auf.
- **Chalcedon**: Den Chalcedon verwendet die Hildegard-Medizin zur Stärkung des Immunsystems und um Erregbarkeit und Nervosität zu verringern.
- **Chrysopras**: Hildegard kennt eine ganze Reihe von Heilanzeigen für diesen Edelstein, unter anderem Gicht, Rheuma und chronische Vergiftungen.
- **Diamant**: Der Diamant hilft laut Hildegard bei Schlaganfall, Arteriosklerose und Gelbsucht (d.h. Leber- und Galleproblemen).
- **Jaspis**: Hildegard empfiehlt den Jaspis gegen Schwerhörigkeit, schwere Erkältung, rheumatisches Fieber, Alpträume, für eine bessere Konzentration sowie in der Schwangerschaft.
- **Rubin**: Der Stein hilft laut Hildegard bei Fieber, Pilzbefall, Wechseljahresbeschwerden, Kopfschmerzen und Migräne.
- **Saphir**: Den Saphir nennt Hildegard als Heilmittel gegen Augenleiden, Gicht und Migräne.
- **Smaragd**: Der Smaragd ist ein sehr wirkungsvoller Edelstein, den Hildegard bei Schwächezuständen, nach einem Herzinfarkt, gegen Krankheiten, die in Schüben verlaufen, bei Epilepsie, Verschleimung und eitrigen Entzündungen der Haut verschreibt.
- **Topas**: Hildegard verordnet den Topas bei Augenleiden, chronischen Vergiftungen und inneren Entzündungsherden sowie Krebs.

Edelstein	**Symbol**	**Tierkreiszeichen**
Diamant	♈	Widder
Achat	♉	Stier
Chalcedon	♊	Zwillinge
Smaragd	♋	Krebs
Bergkristall	♌	Löwe
Saphir	♍	Jungfrau
Aquamarin	♎	Waage
Jaspis	♏	Skorpion
Amethyst	♐	Schütze
Rubin	♑	Steinbock
Topas	♒	Wassermann
Chrysopras	♓	Fische

Zwei moderne »Wundermittel«

In den letzten Jahren haben zwei ungewöhnliche Naturheilmittel von sich reden gemacht: Das australische *Teebaumöl* und der *Grapefruitkern-Extrakt* (GKE). Beiden ist gemein, daß sie in etlichen wissenschaftlichen Untersuchungen ihre außerordentliche Wirksamkeit beweisen konnten und daß sie nicht nur sanfter und nebenwirkungsfreier, sondern in manchen Gebieten auch wirksamer als chemische Medikamente sind. Und noch etwas fällt auf: Sowohl das Teebaumöl als auch GKE haben ein ungewöhnlich breites Wirkungsspektrum.

Was die beiden Mittel hier für uns besonders interessant und sie zu wahren Heilmitteln des Mondes macht, ist die Tatsache, daß jedes dieser Mittel seinen Wirkungshöhepunkt zu bestimmten Mondphasen hat: Teebaumöl ist ein Heilmittel des zunehmenden, GKE ein Mittel des abnehmenden Mondes – die beiden Mittel ergänzen sich also hervorragend!

Teebaumöl

Dieses Öl wirkt sowohl gegen Bakterien, Pilze als auch gegen Viren und wird vor allem bei äußeren Verletzungen und Verbrennungen, Pickeln, Furunkeln, Ekzemen, aber auch bei Insektenstichen und sogar Hautunreinheiten verwendet. Das Öl wird auf die betroffenen Hautpartien aufgetragen und sollte ohne ärztliche Verordnung *nicht* eingenommen werden. Teebaumöl wirkt bei *zunehmendem Mond* am besten.

Grapefruitkern-Extrakt (GKE)

GKE wirkt ebenfalls positiv auf die Haut, aber im Gegensatz zu Teebaumöl kann es auch eingenommen werden. Die besonderen Stärken des GKE liegen in der Bekämpfung von Pilzen (z.B. Candida-Mykosen) und Parasiten (z.B. Würmern). GKE wirkt im *abnehmenden Mond* am besten.

Der Mond und die Lebensenergie

Trotz aller wissenschaftlicher Erkenntnisse unserer Zeit umgibt die Kraft, die tote von belebter Materie unterscheidet, immer noch ein Geheimnis.

Außerhalb der Wissenschaft hat der Umgang mit der »Lebensenergie« jedoch eine lange Tradition in allen Kulturkreisen, ganz besonders aber im Fernen Osten. Dort ist der Erforschung der Lebenskraft seit jeher eine große Bedeutung beigemessen worden, und es entwickelten sich umfangreiche und detaillierte Systeme und Techniken, wie diese Kraft gelenkt, verstärkt und zum Nutzen der Gesundheit eingesetzt werden kann. Einige der bekanntesten Lehren, die das Fließen der Lebensenergie ausführlich behandeln, sind das indische Yoga, die chinesische Medizin (auf die die Akupunktur gründet) oder die ebenfalls chinesische Bewegungsmeditation Qi Gong.

Diese Methoden sind zu kompliziert und umfangreich, als daß wir sie hier darstellen könnten; da es jedoch mittlerweile auch bei uns viele Menschen gibt, die sich mit Yoga, Qi Gong, Shiatsu oder Reiki befassen, möchten wir im Folgenden einige kurze Hinweise geben, wie Sie den Mond dabei nutzen können.

Im letzten Teil dieses Kapitels wird es um eine Methode gehen, die bei uns im Westen entwickelt wurde und die ebenfalls den Strom der Lebensenergie nutzt: die Reflexzonenmassage. Natürlich werden wir auch hier zeigen, wie wir den Mond für eine Steigerung der Effektivität dieser sanften, aber sehr wirkungsvollen Therapieform nutzen und sie dadurch zu einem Heilmittel des Mondes machen können.

Meridiane, Chakras und der Mond

Der Mond beeinflußt den Strom der Lebensenergie – das ist ja letztendlich auch der Grund für die vielfältigen Wirkungen des Mondes auf unsere Gesundheit.

Die Lebensenergie, die in den indischen Texten als *prana,* in China *ch'i* (oder *qi*) und in Japan *ki* genannt wird, fließt auf bestimmten Bahnen und sammelt sich in bestimmten Zentren, den *Chakras*. Die Energiebahnen oder *Meridiane*, die unter anderem die Akupunktur, die japanische Fingerdruckmassage Shiatsu und das chinesische Qi Gong kennen, sind äußerst zahlreich.

Im Zusammenhang mit dem Mond ist es jedoch interessant, daß sich die Meridiane in zwei Gruppen einteilen lassen. In China gibt es das Begriffspaar Yin-Yang, das durch das bekannte Symbol dargestellt wird.

Yin-Yang sind keine Gegensätze, sondern sich wechselseitig bedingende Pole, die Aspekte eines großen, übergeordneten Ganzen sind.

Die 12 Haupt-Meridiane

Auch bei den Meridianen wird zwischen Yin- und Yang-

Meridianen unterschieden. Die Lebensenergie fließt in den Yin-Meridianen beim Ausatmen nach außen, zu den Fingern und Zehen; beim Einatmen wird die Energie über die Yang-Meridiane zur Körpermitte hin zurückgeleitet.

Hier kommt nun auch der Mond ins Spiel: Bei zunehmendem Mond sind die Yang-Meridiane, bei abnehmendem Mond die Yin-Meridiane sensibler. Da jeder der 12 Meridiane mit einem bestimmten Organsystem in Verbindung steht, bedeutet das auch, daß bei zunehmendem Mond andere Organe durch Akupunktur, Shiatsu und ähnliche Methoden besser beeinflußt werden können als bei abnehmendem Mond.

Yang-Meridiane (zunehmender Mond)

Meridian	**ungefährer Verlauf**
Dickdarmmeridian	Zeigefinger, Ellbogen, Nasenflügel
Dünndarmmeridian	Kleiner Finger, Ellbogen, Schulterblatt, Ohr
Dreifacher Erwärmer	Ringfingernagel, Ellbogen, Schulter, Ohr, Schläfe
Magenmeridian	Zweiter Zeh, Knie, Schlüsselbein, Schläfe
Gallenblasenmeridian	Vierter Zeh, Knöchel, Hüfte, Rippenbogen, Ohr, Schläfe
Blasenmeridian	Kleiner (fünfter) Zeh, Knöchel, Kniekehle, Wirbelsäule, Scheitel, Augeninnenwinkel

Yin-Meridiane (abnehmender Mond)

Meridian	**ungefährer Verlauf**
Lungenmeridian	Schulter, Armbeuge, Daumenaußenseite
Herzmeridian	Achselhöhle, Arminnenseite, Kleiner Finger
Kreislaufmeridian	Brust, Achsel, Armbeuge, Mittelfinger
Milzmeridian	Achselhöhle, Beininnenseite, Großer Zeh
Lebermeridian	Leber, Leiste, Beininnenseite, Fußrücken, Großer Zeh
Nierenmeridian	Brustbein, Nabel, Beininnenseite, Knöchel, Fußballen

Wir wollen hier die Meridiane nicht eingehender besprechen – es würde den Rahmen dieses Buches sprengen. Die Kenntnisse über die Zusammenhänge zwischen den Meridianen und dem Mond können jedoch für Shiatsutherapeuten oder Akupunktur-Spezialisten eine interessante Hilfe bei ihrer Arbeit sein. Vielleicht sind Sie jetzt aber auch neugierig geworden und wollen sich mit diesen Methoden eingehender befassen? Im Anhang finden Sie bei den Buchempfehlungen auch Literatur zu diesem Themenkreis.

Im Kapitel »Die Heilmittel des Mondes bei Beschwerden« werden wir Ihnen hin und wieder einige Fingerdruckpunkte aus dem japanischen Shiatsu zeigen, mit denen Sie Beschwerden auf sehr einfache Art und Weise lindern können. Wir werden Ihnen dann auch sagen, zu welcher Mondphase diese Massagen am besten wirken – wenn Sie diesen Abschnitt gelesen haben, wissen Sie dann auch, wieso das so ist!

Die sieben Chakras

Die Chakras sind Energiezentren, in denen sich die Lebensenergie besonders stark konzentriert. Durch bestimmte Übungen (vor allem im Yoga) werden diese Zentren gestärkt, was sich nicht nur auf die körperliche Gesundheit, sondern auch auf die geistig-seelische Entwicklung vorteilhaft auswirkt.

Auch die Chakras werden vom Mond beeinflußt. Bei Vollmond, wenn die Naturenergien auf ihrem Höhepunkt angelangt sind, ist die Kraftkonzentration im Herzchakra am stärksten. Von da an sinkt die Energie zum Nabelchakra, weiter zum Sakralchakra in der Gegend des Schambeines, bis zum Wurzelchakra am Perineum, um dann, mit dem Neumond sozusagen einen »Sprung« zum Scheitelchakra zu machen. Jedes Chakra ist also etwa vier Tage lang besonders stark.

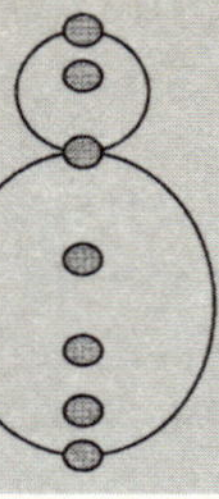

Chakra	Indischer Name	Wesenskraft	Mondphase
Scheitelchakra	Sahasrara	Spiritualität	●
Stirnchakra	Ajna	Intuition	☽
Kehlchakra	Vishudda	Kommunikation	
Herzchakra	Anahata	Liebe	○
Nabelchakra	Manipura	Ich-Bewußtsein	☾
Sakralchakra	Svadisthana	Sexualität	
Wurzelchakra	Muladhara	Innere Stärke	●

Auch ohne sich näher mit der indischen Chakrenlehre zu befassen, können Sie mit Hilfe einer ganz einfachen Übung zur richtigen Mondzeit von den beschriebenen Gesetzmäßigkeiten Gebrauch machen.

Sie wissen ja nun bereits, wann welches Chakra am empfänglichsten ist. Machen Sie es sich doch zur lieben Gewohnheit, sich für jedes Chakra wenigstens an einem der vier Tage, an denen es besonders aktiv ist, fünf bis zehn Minuten Zeit zu nehmen – die Übung können Sie im Prinzip überall und zu jeder Zeit machen; am besten ist jedoch die Zeit nach dem Aufwachen und vor dem Einschlafen. Legen Sie die Hände über das jeweilige Chakra, schließen Sie die Augen, und lenken Sie die Konzentration auf das Chakra – das ist schon alles! Notfalls können Sie sogar die Hände weglassen.

Probieren Sie es doch einmal einen Monat lang aus. Sie werden sicher begeistert sein!

Reiki

Reiki ist eine Methode, die Lebensenergie in reiner Form auf sich selbst oder andere Menschen zu lenken und dadurch die Voraussetzung zu einer wahren, aus dem Inneren kommenden Heilung zu schaffen. Die Fähigkeit, die Reiki-Kraft zu lenken wird durch eine Einstimmung erworben, die durch einen Reiki-Meister oder ein Selbsteinstimmungritual vorgenommen wird.

Die Methode ist an sich uralt und wurde schon vor Tausenden von Jahren durch spirituell weit entwickelte Menschen ausgeübt – doch erst in diesem Jahrhundert wurde der Weg der Einstimmung von dem Japaner Dr. Mikao Usui wiederentdeckt und hat sich seitdem über die ganze Welt verbreitet.

Der Mond kann auch Reiki unterstützen. Dazu wenden Sie einfach die Mondregeln an, die Sie bereits kennen: Die aufbauende und reinigende Energie des zunehmenden und abnehmenden Mondes, die Wirkung des Mondstandes im Tierkreis für eine besonders intensive Wirkung auf einzelne Organe und die mit den Mondphasen wechselnde Aktivität der Chakras.

Wenn Sie bisher schon gute Erfahrungen mit Reiki sammeln konnten – jetzt haben Sie ein Mittel an der Hand, noch einen Schritt weiter zu gehen: Die Hilfe des Mondes!

Reflexzonenmassage

Die Fußreflexzonenmassage ist eine der wenigen abendländischen Techniken, die über die Beeinflussung des Stromes der Lebensenergie auf die Gesundheit einwirkt. Die Methode wurde 1938 von der amerikanischen Krankenschwester Eunice Ingham entwickelt. In wenigen Jahrzehnten verbreitete sich die Fußreflexzonenmassage aufgrund ihrer großen Erfolge in der ganzen Welt; zahlreiche Ärzte, Heilpraktiker, Masseure und Physiotherapeuten bedienen sich heute dieser Therapieform, und die Tendenz ist immer noch steigend. Ein besonderer Vorteil der Reflexzonentherapie besteht darin, daß sie auch hervorragend zur Selbstbehandlung geeignet ist.

Der Name »Reflex«zonenmassage ist ein wenig irreführend, denn die Wirkungen der Methode sind nicht auf eigentliche Reflexe im medizinischen Sinne zurückzuführen. Es sind keine Nervenbahnen beteiligt, die etwa von den Füßen zu den Augen führen würden. Bei der Reflexzonentherapie handelt es sich also um eine echte energetische Methode, die mit den östlichen Methoden der Akupunktur oder des Shiatsu vergleichbar ist. Das heißt auch, daß die Reflexzonenmassage eine wirklich ganzheitliche, Körper, Seele und Geist harmonisierende Methode ist.

Die grundlegende Entdeckung der Reflexzonentherapie ist, daß in den Füßen (aber auch in den Händen) der gesamte menschliche Körper repräsentiert wird und behandelt werden kann.

Wenn wir beispielsweise in der Mitte des Fußballens massieren, fördern wir die gesunde Funktion unserer Lunge.

Nach dem, was Sie schon über die Wirkungen des Mondes wissen, dürfte Ihnen klar sein, was der Mond für die Reflexzonentherapie bedeutet: Ebenso wie jedes der zwölf Tierkreiszeichen, die der Mond in einem Mondmonat durchläuft, jeweils einen bestimmten Teil unseres Körper beeinflußt, so macht er auch die korrespondierenden Reflexzonen an den Fußsohlen besonders empfänglich!

Sicherlich fällt Ihnen in der Abbildung auf, daß die Zeichen Steinbock, Wassermann und Fische nicht aufgeführt sind. Das hängt damit zusammen, daß das Abbild des Körpers in den Füßen etwas verzerrt ist – die Beine und natürlich erst recht die Füße spiegeln sich nicht in den Füßen wieder.

♈	Widder	Kopf, Gehirn, Nase, Augen
♉	Stier	Kiefer, Hals, Ohren
♊	Zwilling	Arme, Schultern, Hände, Lunge
♋	Krebs	Brust, Lunge, Magen, Leber
♌	Löwe	Herz, Wirbelsäule, Blutkreislauf
♍	Jungfrau	Darm, Nerven, Pankreas, Milz
♎	Waage	Hüften, Nieren, Blase
♏	Skorpion	Geschlechtsorgane
♐	Schütze	Oberschenkel

Das bedeutet jedoch nicht, daß in dieser Zeit keine Reflexzonenmassage durchgeführt werden könnte. Sie hat in diesen Tagen sogar eine ganz spezifische Bedeutung:

♈ *Steinbock*: Wie Sie vielleicht noch wissen, regiert der Steinbockmond Haut, Knochen und Gelenke. Mit einer Fußreflexzonenmassage der gesamten Fußsohle können Sie an diesen Tagen den Aufbau und die Stabilität Ihres gesamten Skelettes fördern (besonders interessant bei Osteoporose), aber auch etwas für Ihr Aussehen tun.

♒ *Wassermann*: Der Mond im Wassermann regiert die Venen, vor allem die der Unterschenkel. Eine Fußreflexzonenmassage an diesen Tagen wirkt sich jedoch auf das gesamte Venensystem Ihres Körpers aus – die Durchblutung wird verbessert und der Blutdruck harmonisiert.

♓ *Fische*: Wir haben ja bereits bei der allgemeinen Besprechung der Bedeutung der Fischemondtage darauf hingewiesen, daß an diesen Tagen eine Reflexzonenbehandlung besonders gesundheitsfördernd ist. An Fischemondtagen wird nämlich der gesamte Körper durch eine Fußreflexzonenbehandlung harmonisiert und ins Gleichgewicht gebracht!

Heilen mit dem Mond von A-Z

In diesem Kapitel finden Sie nun das, was Sie vielleicht am nötigsten für die alltägliche Praxis und die Anwendung der vielen bisher bespochenen Mondregeln und Heilmittel des Mondes praktisch gebrauchen können: Ein alphabetisch geordnetes Verzeichnis von Beschwerden und vor allem Vorschläge, wie Sie die Kräfte des Mondes und der Mondheilmittel am besten einsetzen, um diese Beschwerden zu heilen oder zumindest zu lindern.

Um unnötige Wiederholungen zu vermeiden, werden wir die jeweiligen Heilmittel des Mondes lediglich nennen und nicht genauer beschreiben; dasselbe gilt für die Anwendungen. So finden Sie beispielsweise unter dem Stichpunkt »Alpträume« drei Heilmittel des Mondes: Den Edelstein Jaspis aus der Hildegard-Medizin, das Gewürz Anis aus der Gewürzheilkunde und aus der Aromatherapie Thymian – alle drei haben sich sich bei Alpträumen gut bewährt. Wie Sie das Jaspis-Elixier herstellen, können Sie dann gegebenenfalls im Abschnitt über Hildegard-Medizin (ab Seite 81) nachlesen.

Bei einigen der genannten Beschwerden werden wir Ihnen auch konkrete zusätzliche Hinweise und spezielle Mondregeln nennen, die Ihnen weiterhelfen können.

Zum Schluß noch ein Wort: So wertvoll die Heilmittel des Mondes auch sind – die heilkundlichen Kenntnisse und die Diagnose eines guten Arztes oder Heilpraktikers können sie nicht ersetzen! Vergessen Sie nicht, daß auch die Heilmittel des Mondes nur ein Teil des großen Ganzen sind. Durch die sanften Wirkungen der genannten Mittel und Methoden können Sie jede konventionelle oder naturheilkundliche Behandlung ergänzen und erweitern – doch die Erfahrungen Ihres Arztes oder Heilpraktikers sollten Sie nicht in den Wind schlagen!

Abszesse

Abszesse sind eitrige Entzündungen der Haut, die meist durch Bakterien verursacht werden. Die Infektion führt zu einer Eiteransammlung im Gewebe, die mit einer schmerzhaften Schwellung und Rötung einhergeht.

Wie alle Hauterkrankungen deuten auch Abszesse häufig auf akute innere Konflikte hin, die mit einer Abgrenzungsproblematik zu tun haben.

Heilen mit dem Mond: Gewürzsud aus Kurkuma, Mohn und Vanille – sowohl äußerlich, mit warmen Umschlägen (30 Minuten lang zwei- bis dreimal täglich), als auch von innen heraus (zwei bis drei Wochen kurmäßig dreimal täglich einen Eßlöffel).

Worauf Sie außerdem achten sollten: Wenn Sie häufig unter Abszessen leiden, sollten Sie auch besonders auf Ihre Lebensumstände und Ihre Ernährungsgewohnheiten achten und Ihre Haut durch Licht-, Luft- und Sonnenbäder sowie kalte Waschungen kräftigen.

Akne → Hautprobleme

Alkoholismus → Sucht und Abhängigkeit

Allergien

Allergien sind Überempfindlichkeitsreaktionen auf bestimmte Stoffe: Blütenpollen, Staub, Schimmelpilze, Milch, Chemikalien oder Medikamente – letztendlich kann aber alles und jedes eine Allergie auslösen. Allerdings reagieren nur bestimmte Menschen auf ganz spezifische *Allergene*, während sie auf andere nicht ansprechen. Das Abwehrsystem eines besonders empfindlichen Menschen entgegnet den allergieauslösenden Substanzen meist dadurch, daß es Antikörper bildet, die schließlich zur Überempfindlichkeit und somit zur allergischen Reaktion führen. Allergien werden immer häufiger, was wohl einerseits an der zunehmend von Streß bestimmten Lebensweise unserer Zivilisation liegt (Allergien sind typische »Zivilisationskrankheiten«), andererseits höchstwahrscheinlich auch an der zunehmenden Belastung unseres Organismus durch Umweltgifte.

Auf seelischer Ebene weisen Allergien auch oft auf unterbewußte Aggressionen und Abwehrmechanismen hin, und es lohnt sich, einmal zu überlegen, warum man auf diese oder jene Substanz (oder auch auf bestimmte Menschen) mit übermäßiger Abwehr reagiert.

Heilen mit dem Mond: Gewürzsud aus Kurkuma, Zimt und Koriander (morgens und abends je einen Eßlöffel). Um auch den seelischen Aspekten von Allergien gerecht zu werden, können Sie die Bach-Blütenheilmittel Holly und Impatiens einsetzen.

Worauf Sie außerdem achten sollten: Eine gute Methode, Allergien zu vermeiden, besteht natürlich auch darin, den allergieauslösenden Substanzen aus dem Weg zu gehen – das ist allerdings leichter gesagt als getan. Bei spezifischen Nahrungsmittelallergien ist dies jedoch die sinnvollste Möglichkeit; Sie können durch das Weglassen einzelner Nahrungsmittel über einige Wochen herausfinden, auf was Sie allergisch reagieren. Da häufig auch Umweltgifte und Schimmelpilze für allergische Reaktionen

verantwortlich sind, können Sie durch etwas Aufmerksamkeit ebenfalls oft etwas gegen Ihre Allergie tun.
Der wichtigste Shiatsupunkt zur Behandlung von Allergien befindet sich auf der Wirbelsäule, zwischen dem letzten Hals- und erstem Brustwirbel. Drücken Sie diesen Punkt, wann immer Sie die ersten Symptome spüren.

Alpträume → Schlafstörungen

Altersbeschwerden

Das Altern ist ein ganz natürlicher, biologischer Prozeß. Heute können viele Menschen dank der modernen Medizin im Vergleich zu früheren Zeiten ein sehr hohes Alter erreichen. Doch das Älterwerden ist leider oft auch mit zahlreichen Beschwerden verbunden. Die Annahme, Altwerden würde automatisch mit Krankwerden zusammenhängen, ist jedoch durchaus nicht zutreffend. Gerade bei einer gesunden Lebensweise, einer guten, ausgewogenen Ernährung, ausreichend Bewegung und vor allem auch einer psychischen Ausgeglichenheit kann der menschliche Körper auch in sehr hohem Alter noch leistungsfähig, flexibel und gesund sein.

Heilen mit dem Mond: Verdampfen Sie mindestens zweimal wöchentlich die ätherischen Öle Patchouli und Rosmarin. Ein Gewürzsud aus Chili und Safran (zweimal täglich je 3 Eßlöffel) hilft das übermäßig reagierende Immunsystem zu harmonisieren.

Worauf Sie außerdem achten sollten: Im Fernen Osten weiß man schon lange, daß das A und O für ein langes und gesundes Leben die Aufrechterhaltung unserer Lebensenergie ist. Gerade das chinesische Qi Gong und Tai Chi, aber auch eine regelmäßige Fußreflexzonenmassage hält die Lebensenergie im Fluß und sorgt für ein

Wohlbefinden auch bis ins hohe Alter. Um mit diesen Methoden anzufangen, ist es nie zu spät! Für die Stimulierung des Immunsystems empfehlen sich (jedoch nicht bei akuten Beschwerden!) ein- bis zweimal wöchentlich kalte Waschungen – am besten bei zunehmendem Mond. Gerade im Alter sollten Sie auf ausreichende Flüssigkeitszufuhr achten. Insbesondere im abnehmenden Mond fördern Sie durch die Zufuhr von viel salzarmem Mineralwasser die Ausschwemmung von Giften.

Ängste

Bis zu einem gewissen Grad sind Ängste ganz normal und dienen dem Überleben. Hätten wir überhaupt keine Ängste, würden wir uns ja auch vor nichts schützen und unser Leben wäre von äußerst kurzer Dauer. Irrationale und übertriebene Ängste behindern uns jedoch, und wir sollten versuchen sie abzubauen.

Heilen mit dem Mond: Die Gewürzheilkunde und insbesondere die Bach-Blütentherapie kennt zahlreiche Mittel, die helfen, die tieferliegenden Ursachen unserer unnötigen Ängste auf seelischer Ebene aufzulösen. Ein Gewürzsud (3 Eßlöffel abends) aus Zimt, Kalmus und Sternanis ist ein Mittel, das sehr direkt wirkt. Die Bach-Blütentherapie verwendet besonders viele, teilweise recht spezifische Heilmittel gegen die unterschiedlichsten Ängste, u.a. Aspen, Crab Apple, Hornbeam, Mimulus und – bei Panikattacken – Rock Rose. Das ätherische Öl Geranie schafft, wenn Sie es regelmäßig in Ihren Räumen verdunsten, eine Atmosphäre, die der Entstehung von Ängsten entgegenwirkt.

Worauf Sie außerdem achten sollten: So wunderbar die Heilmittel des Mondes auch wirken, so können sie eine aktive, psychische Aufarbeitung von Ängsten nicht ersetzen. Scheuen Sie sich nicht, bei stärkeren Beschwerden auch einmal mit einem Psychologen zu sprechen!

Anämie

Bei der Anämie (Blutarmut) ist meist die Zahl der roten Blutkörperchen vermindert. Blutarmut kann sich durch Symptome wie Schwindel, Gefühlsstörungen, Zungenbrennen und Appetitlosigkeit ankündigen.

Erkrankungen des Blutes deuten im psychischen Bereich oftmals auf einen Mangel an Lebenskraft und Energie hin, so daß wir bei der Behandlung auch darauf achten müssen, den Willen zum Leben oder man könnte auch sagen »das innere Feuer« wieder zu erwecken.

Heilen mit dem Mond: Mit einem Gewürzsud können wir erheblich dazu beitragen, die Qualität des Blutes zu verbessern, aber auch die Blutreinigung und die Harmonisierung der Psyche zu unterstützen. Für die Zubereitung eines Gewürzsuds benötigen Sie zwei Teile Kreuzkümmel und einen Teil Safran. Nehmen Sie dreimal täglich jeweils drei Eßlöffel davon ein. Auch ein Ginseng-Tonikum hat sich in der Naturheilkunde als äußerst hilfreich bei Anämie erwiesen. Trinken Sie davon täglich morgens ein kleines Gläschen.

Worauf Sie außerdem achten sollten: Als Ursache für eine Anämie kommen unter anderem Vitaminmangel, sowie eine unausgewogene Ernährung (gerade Vegetarier müssen etwas mehr aufpassen!) in Frage. Eine vitamin- und mineralstoffreiche (insbesondere Eisen) Ernährung kann das Problem also manchmal schon lösen. Bei Blutarmut müssen aber natürlich in erster Linie die Ursachen ausfindig gemacht werden. So kann eine Tumor- oder Infektanämie natürlich nur sinnvoll behandelt werden, wenn der entsprechende Tumor oder Infektionsherd etc. entdeckt worden ist. Ebenso ist eine Verabreichung von Vitamin- oder Eisenpräparaten erst sinnvoll, wenn auch wirklich sicher ist, daß ein Mangel an diesen Stoffen vorherrscht. Eine ärztliche Abklärung der Ursachen ist also unbedingt erforderlich!

Arteriosklerose

Die Arteriosklerose ist eine typische »Zivilisationskrankheit«. Bei der Arteriosklerose kommt es zu Veränderungen der Gefäßwände und Einlagerungen von nicht löslichen Kalksalzen, weshalb die Arteriosklerose auch als »Arterienverkalkung« bezeichnet wird. Die Verhärtung der Gefäße wird vor allem dann problematisch, wenn die Gehirnarterien oder die Herzkranzgefäße betroffen sind, da es dann unter ungünstigen Umständen zu einem Schlaganfall oder Herzinfarkt kommen kann. Darüber hinaus kann die Arteriosklerose aber auch zum vollkommenen Gefäßverschluß führen, wodurch die betroffenen Gewebeabschnitte absterben können.

Heilen mit dem Mond: Nehmen Sie von einem Gewürzsud (Safran und Zimt) dreimal täglich jeweils drei Eßlöffel ein. Führen Sie außerdem mindestens einmal wöchentlich bei abnehmendem Mond kalte Waschungen mit diesem Gewürzsud durch. Hildegard empfiehlt überdies den Diamant gegen Arteriosklerose – dieses Heilmittel des Mondes hilft vor allem gegen die seelische »Verhärtung«, die die Arteriosklerose symbolisiert.

Worauf Sie außerdem achten sollten: Als Hauptursachen der Arteriosklerose sind vor allem seelische Anspannungen und Streß zu nennen. Aber auch Nikotinmißbrauch sowie eine zu fettreiche Ernährung begünstigen die Gefäßverkalkung. Da chronische Schilddrüsenleiden,

Zuckerkrankheit, Gicht und ein zu hoher Blutdruck als arteriosklerosefördernd gelten, sollten Sie auch die Hinweise in diesen Abschnitten beachten. Um einer Arteriosklerose vorzubeugen ist, wie so oft, auf eine naturgemäße Lebensweise – d.h. vollwertige, vitalstoffreiche Ernährung und ausreichend Bewegung – zu achten.

Arthritis

Unter Arthritis versteht man eine Entzündung eines oder mehrerer Gelenke, die fast immer mit Schwellungen, Rötungen und Schmerzen der betroffenen Gelenke einhergeht und manchmal auch mit Fieber verbunden ist.

Da der Zustand unserer Gelenke für unsere Flexibilität entscheidend ist, deuten Gelenkentzündungen auch auf psychische Probleme hin, die mit einem Mangel an Flexibilität zu tun haben.

Heilen mit dem Mond: Die Kräuterheilkunde kennt Brennessel und Mistel als wirksame Heilmittel gegen Arteriosklerose. Für die innere Anwendung, die auch die seelischen Aspekte berücksichtigt, empfiehlt sich ein Gewürzsud aus drei Teilen Pfeffer (grob zerstoßen) und zwei Teilen Mohn (gemahlen). Nehmen Sie dreimal täglich je zwei Eßlöffel ein. Äußerlich kann der Gewürzsud auch für kalte Umschläge eingesetzt werden.

Worauf Sie außerdem achten sollten: Wenn Sie sich täglich nur zehn Minuten für Qi-Gong-Übungen nehmen, wird nicht nur die Lebensenergie stärker fließen und damit die Gelenke kräftigen, sondern auch die seelische Beweglichkeit erhöht. Wenn der Mond im Steinbock steht, ist eine Fußreflexzonenmassage ein erstaunlich effektives Mittel, daß der Arteriosklerose auf Dauer vorbeugen kann.

Augenleiden

Unsere Augen sind besonderen Belastungen ausgesetzt. Lange Arbeit am Computer, übermäßiger Fernsehkonsum, aber auch Nikotin und Umweltgifte sowie erhöhte Ozonwerte im Sommer belasten unsere Augen, was oft zu gereizten, brennenden oder trockenen Augen und zu verschwommenem Sehen, Kopfschmerzen etc. führen kann.

Auch bei Augenleiden ist unser psychischer Zustand von wesentlicher Bedeutung, denn Streß und Überforderung wirken sich nicht zuletzt auch auf unsere Augen aus. Darüber hinaus können Augenprobleme auch auf einen Mangel an Einsicht in aktuelle Probleme hindeuten, weshalb bei der Behandlung immer auch auf die seelischen Zusammenhänge zu achten ist.

Heilen mit dem Mond: Bei akuten Beschwerden helfen Kompressen mit Augentrost. Ein Vanille-Gewürzsud (innerlich und äußerlich angewandt) stärkt vor allem langfristig die Augen und macht sie widerstandsfähiger gegenüber äußeren Einflüssen. In der Hildegard-Medizin werden drei Edelsteine gegen »Augenkrankheiten« empfohlen: Topas, Bergkristall und Saphir. Diese energetischen Heilmittel wirken vor allem auf seelischer Ebene. Bei chronischen Augenproblemen tragen diese Heilmittel dazu bei, die tieferliegenden Ursachen allmählich aufzulösen.

Worauf Sie außerdem achten sollten: Natürlich sollten wir uns soweit als möglich vor Belastungen schützen, indem wir auf Dauerfernsehen verzichten, für eine gute Belüftung, aber auch für eine ausreichende Beleuchtung des Arbeitsplatzes sorgen. Besonders vorsichtig sollten wir sein, wenn wir mit Chemikalien zu tun haben, die reizende Dämpfe entwickeln, wie beispielsweise auch einige handelsübliche Wasch-, Reinigungs- und Pflegemittel.

Ebenso wichtig ist es aber, immer wieder einmal kurze Pausen für die Augen einzulegen, indem wir sie einfach schließen und vielleicht auch mal einige kleine Augenübungen machen.

Blähungen → Verdauungsstörungen

Bluthochdruck

Ein zu hoher Blutdruck *(Hypertonie)*, über 140/90 mm Hg, verursacht oft überhaupt keine Beschwerden. Auf Dauer gesehen kann extremer Bluthochdruck jedoch zu Organschäden führen und sollte deshalb behandelt werden, auch wenn noch keine subjektiven Beschwerden auftreten. Da besonders chronischer Bluthochdruck unangenehme Folgen, wie beispielsweise Nierenleiden, Augenerkrankungen, Herz- und Gefäßschäden oder auch Hirnschläge, haben kann, ist die regelmäßige Überwachung durch den Arzt besonders wichtig.

Neben Veranlagung und körperlichen Ursachen ist ganz besonders Streß ein häufiger Auslöser. Bluthochdruck ist immer auch ein Zeichen dafür, daß der Mensch den Kontakt zu seinen natürlichen Rhythmen verloren hat.

Heilen mit dem Mond: Ein probates Mittel der Kräuterheilkunde gegen Bluthochdruck ist ein Mistel-Tee.Um zu unseren natürlichen Rhythmen zurückzufinden und den Blutdruck allmählich wieder zu stabilisieren und zu senken, kennt die Gewürzheilkunde einen Gewürzsud aus Piment und Zimt (täglich viermal je einen Eßlöffel).

Worauf Sie außerdem achten sollten: Es gibt einige Risikofaktoren, die zu Bluthochdruck führen können – übermäßiger Nikotin- und Alkoholkonsum, Bewegungsmangel, Übergewicht, zu viel Salz und vor allem jede Art von Streß. Obwohl wir den Blutdruck durch den richtigen Einsatz von Heilmitteln des Mondes relativ schnell wieder senken können, sollte im Rahmen einer ganzheitlichen Behandlung natürlich auch dafür gesorgt werden, daß wir die bekannten Risiken minimieren.

Knoblauch hilft, vor allem in roher Form, bei zunehmendem Mond hervorragend gegen Bluthochdruck; bei abnehmendem Mond ist gekochter Knoblauch besser.

Bronchitis

Bei einer Bronchitis handelt es sich um eine Entzündung der Atemwege, die chronisch oder akut sein kann und die abgesehen vom Schnupfen wohl zu den häufigsten Infektionen der Atemwege zählen dürfte. Abgesehen von Viren oder in selteneren Fällen Bakterien kann auch intensiver Nikotingenuß sowie eine dauernde Mundatmung zu einer Bronchitis führen. Dasselbe gilt für die zunehmende Luftverschmutzung.

Auch seelische Faktoren entscheiden, ob sich eine Bronchitis entwickelt und wie sie verläuft. So wie die Lungen den Austausch zwischen innen und außen repräsentieren, kann eine Bronchitis uns darauf hinweisen, daß wir Probleme haben, mit unserer Umwelt in Harmonie zu leben.

Heilen mit dem Mond: Kamillen- und Eibisch-Tee hilft gegen manifeste körperliche Beschwerden, während ein Gewürzsud aus Muskat und Kümmel (dreimal täglich je drei Eßlöffel) dazu dient, eine chronisch gewordene Bronchitis von innen her aufzulösen. Zusätzlich sind die ätherischen Öle Lavendel und Eukalyptus von Nutzen.

Worauf Sie außerdem achten sollten: Sowohl bei der chronischen als auch bei der akuten Bronchitis sollte man stets darum bemüht sein, seine Selbstheilungskräfte aktiv zu unterstützen und sich auch psychisch wieder ins Gleichgewicht zu bringen – und natürlich ständig wiederholte Reizungen der Atemwege durch starkes Rauchen zu vermeiden.

Cellulite → Hautprobleme

Candidamykosen → Pilzbefall

Darmträgkeit → Verdauungsstörungen

Depressionen

Jeder Mensch erlebt Phasen, in denen er traurig und niedergeschlagen ist – manchmal auch ohne konkreten Anlaß. Solche Stimmungstiefs gehören zum Leben, aber sie sind doch unangenehm. Mitunter ist das Tief jedoch so stark ausgeprägt, daß es bestimmend wird und einen Krankheitswert erhält – der Betreffende befindet sich in einer Depression. Eine richtige Depression bedarf der Behandlung durch einen Psychologen oder einen ärztlichen Psychotherapeuten. Aber auch minder schwere Stimmungstiefs beeinträchtigen das Lebensgefühl und letztendlich auch die Gesundheit. Andererseits sind Depressionen oder depressive Verstimmungen auch ein Signal des Unterbewußtseins, daß wir etwas in unserem Leben verändern sollten. Um schneller aus der Schwermut oder der Depression herauszukommen, müssen wir aktiv an unseren Gefühlen arbeiten; dabei ist professionelle Hilfe immer empfehlenswert. Unterstützend können wir aber auch einige Heilmittel des Mondes einsetzen.

Heilen mit dem Mond: Insbesondere die Gewürzheilkunde und die Bach-Blütentherapie kennen zahlreiche Heilmittel, die seelischen Ursachen von Depressionen und Stimmungstiefs auflösen können. Ein Gewürzsud aus Pfeffer, Safran und Vanille stärkt die seelischen Kräfte, während die Bach-Blütenheilmittel Elm, Mustard, Olive, Sweet Chestnut, Wild Rose und Willow negative Gedanken vertreiben. Aus der Kräuterheilkunde sind Ginseng und Johanniskraut als Antidepressiva bekannt.

Worauf Sie außerdem achten sollten: Eine Depression ist ein seelischer Vorgang, der immer mit dem Thema Liebe zu tun hat. Deshalb können Antidepressiva, aber auch die sanften Heilmittel des Mondes allein, keine Depression heilen, sondern nur die aktive Arbeit an der Depression unterstützen. Wenn Sie spüren, daß Sie Ihre Traurigkeit nicht selbst überwinden können, sollten Sie sich nicht scheuen, auch fremde Hilfe anzunehmen – das zeigt keine Schwäche, sondern ist so selbstverständlich wie ein Arztbesuch, wenn Sie sich einen Knochen gebrochen haben!
Zur Steigerung der Lebensfreude empfehlen sich Übungen, die die Lebensenergie steigern; dafür hat sich vor allem Qi Gong als sehr hilfreich erwiesen. Um etwas mehr Energie zur Bewältigung der Depression zu bekommen, können Sie auch Shiatsupunkte massieren: Der wichtigste Punkt liegt auf dem höchsten Teil der Schulter, dort wo eine gedachte Linie von der linken Brustwarze direkt nach oben verläuft. Massieren Sie diesen Punkt, sooft es Ihnen gut tut.

Diabetes

Als Diabetes oder »Zuckerkrankheit« wird eine Krankheit bezeichnet, bei der es zu einer Erhöhung des Blutzuckerspiegels kommt. Die Ursache liegt in einer Stoffwechselstörung, die zu ungenügender Insulinproduktion in der Bauchspeicheldrüse führt. Wegen möglicher Folgewirkungen auf andere Organe ist eine ärztliche Überwachung unbedingt notwendig.

Die folgenden Heilmittel des Mondes können Diabetes zwar nicht heilen, lindern die Beschwerden jedoch zum Teil beträchtlich und schützen vor etwaigen Spätschäden. Als Ergänzung einer Diabetikerdiät oder einer Insulinbehandlung zeigen sie oft erstaunliche Erfolge.

Heilen mit dem Mond: Nehmen Sie täglich zwei Tropfen ätherisches Rosmarin in einem Glas warmem Wasser ein und trinken Sie regelmäßig Ginseng- und Löwenzahn-Tee (einmal die Woche im Wechsel).

Worauf Sie außerdem achten sollten: An Jungfraumondtagen ist die Bauchspeicheldrüse besonders empfänglich. Meiden Sie an diesen Tagen ganz besonders Zucker, und massieren Sie die entsprechenden Reflexzonenpunkte auf Ihren Fußsohlen. Es gibt auch Shiatsu-Punkte, die die Bauchspeicheldrüse aktivieren können. Die zwei wichtigsten Punkte liegen einen Fingerbreit links neben der Kehlgrube und drei Fingerbreit links neben der rechten Brustwarze. Massieren Sie diese Punkte immer wieder einmal für 10-20 Sekunden.

Drogenprobleme → Sucht und Abhängigkeit

Durchfall → Verdauungsstörungen

Ekzeme

Das hervorstechendste Symptom bei einem Ekzem ist der manchmal geradezu unerträgliche Juckreiz. Auf der Haut zeigen sich unscharf begrenzte entzündliche Verdickungen mit kleinen Bläschen, Knötchen und – insbesondere wenn sie aufgekratzt werden – Krusten. Auch die Neurodermitis ist eine (anlagebedingte) Ekzemerkrankung, die vor allem im Kindesalter auftritt, aber meist bis über das dreißigste Lebensjahr hinaus anhält.

Die meisten Ekzeme sind Folge von → *Allergien*. Aber auch genetische Faktoren (Neurodermitis), feuchtheißes Klima oder starke psychische Belastung können ekzemauslösend wirken. Psychische Faktoren spielen jedoch immer eine gewisse Rolle bei Ekzemen – es dreht sich meist um das Thema »Grenzen«, die eigenen und die anderer.

Heilen mit dem Mond: Zwei Heilmittel des Mondes haben sich besonders bewährt, um die tieferliegenden Ursachen aufzulösen. Vollkommen auf energetischer Ebene wirkt der Bergkristall, den Hildegard von Bingen empfiehlt. Tragen Sie diesen Stein stets bei sich und nehmen Sie ihn des öfteren in die Hand. Auf juckende Hautpartien aufgelegt, schafft er oft schnelle Linderung. Auch die Gewürzheilkunde kennt ein sehr interessantes Mittel, das auch bei Neurodermitis nicht selten recht erfolgreich ist. Bereiten Sie einen Gewürzsud aus Vanille und nehmen Sie drei- bis fünfmal täglich einen Eßlöffel davon ein. Um auf körperlicher Ebene der Haut Entspannung zu verschaffen, können Sie die betroffenen Hautpartien mit einer Calendula-Salbe einreiben, Calendula-Umschläge machen und zusätzlich Calendulablüten-Tee (täglich eine Tasse) trinken.

Worauf Sie außerdem achten sollten: Für Menschen, die unter Ekzemen leiden, ist es ganz besonders wichtig, Streß zu vermeiden bzw. abzubauen. Dazu gehört auch der möglichst weitgehende Verzicht auf erregungssteigernde Substanzen wie Nikotin, Kaffee oder Alkohol.
Yoga, Qi Gong und andere Methoden, die Körper, Seele und Geist in Harmonie bringen und dabei Streß entgegenwirken, sind darüber hinaus sehr zu empfehlen.

Erschöpfungszustände

Chronische Müdigkeit und Erschöpfung kann ein Zeichen für unterschwellige Krankheiten, Pilzerkrankungen, Depressionen, aber auch Mangelernährung sein. Natürlich ist es auch durchaus möglich, daß eine ständige Überforderung Auslöser für Erschöpfung ist – in diesem Fall ist die beste Behandlung wohl jedem klar.

Die folgenden Heilmittel des Mondes mobilisieren die inneren Kräfte und wirken harmonisch auf den Seelenzustand:

Heilen mit dem Mond: Die Kräuterheilmittel Ginseng und Teufelskralle, aus denen am besten ein Tonikum bereitet wird, eignen sich besonders, um bei Erschöpfungszuständen unmittelbar Besserung zu schaffen. Die Hildegard-Edelsteine, mit denen Sie ebenfalls ein Tonikum herstellen, die sie aber auch ständig bei sich tragen sollten, sind der Bergkristall und der Smaragd.
Ein Gewürzsud aus den Gewürzen Anis, Koriander, Kreuzkümmel, Pfeffer (entweder aus all diesen Gewürzen zusammen, aber besser noch in wechselnder Kombination) verbindet physische und seelische Wirkungen am günstigsten. Das ätherische Öl Niaouli regt ebenfalls die Lebensenergie auf seelischer Ebene an – verdampfen Sie ein- bis zweimal wöchentlich drei Tropfen in einer Duftlampe (am besten ist es, wenn Sie das an Ihrem Arbeitsplatz tun können).

Worauf Sie außerdem achten sollten: Gerade wenn es um einen chronischen Mangel an Lebensenergie geht, ist Qi Gong sehr zu empfehlen. Aber auch die passiven Methoden Shiatsu und Fußreflexzonentherapie können die Lebenskräfte aktivieren. Die Fußreflexzonenmassage wirkt an Fischemondtagen besonders auf den Allgemeinzustand; massieren Sie an diesen Tagen mindestens dreimal Ihre Fußsohlen. Im Shiatsu gibt es einige sehr gute Punkte, die Sie drücken können, so setzen Sie sofort Energie frei und werden wacher. Ein Punkt liegt in der Mittelinie des Bauches, knapp unter dem Bauchnabel. Drücken Sie mit dem Handballen fünfmal mit dem Ausatmen nach innen. Sehr schnell wirkt eine kräftige Massage der Fingerkuppen. Drücken Sie mit Daumen und Zeigefinger jede Fingerkuppe ca. 30 Sekunden lang.

Gastritis → Magenbeschwerden

Gicht → rheumatische Beschwerden

Haarprobleme

Unsere Haare tragen viel zu unserem guten Aussehen bei. Aber mehr als das: Haare, die stumpf und spröde sind oder ausfallen, deuten auf Störungen im Stoffwechsel hin. Es reicht also oft nicht, nur die Haare selbst zu behandeln. Wenn trotz der folgenden Tips die Haare nicht schöner werden, sollten wir mit dem Arzt tiefergehende Ursachen abklären. Die Haare, die wir (noch) auf dem Kopf tragen, sollten möglichst kräftig und glänzend sein.

Heilen mit dem Mond: Von großem Nutzen bei allen Arten von Haarproblemen sind äußerlich (also als Haarwasser) oder auch innerlich angewendet ein Gewürzsud aus Piment, sowie das Verdampfen von ätherischem Zedernholzöl in der Duftlampe. (Dieses Öl wirkt auch besonders gut gegen Schuppen – dafür sollten Sie täglich einen Tropfen in heißem Wasser oder auf einem Stück Zucker einnehmen. Aber: Vorsicht in der Schwangerschaft!)

Worauf Sie außerdem achten sollten: Sie können den Zeitpunkt des Haareschneidens so legen, daß der Mond das kräftige Wachstum fördert. Bei **dünnen Haaren**, die

schnell überbeansprucht werden, empfiehlt sich der abnehmende Mond, am besten die Tage kurz nach Vollmond. Wenn der Mond im Löwen steht, ist es noch besser – das ist allerdings nur von August bis Januar der Fall. Die Löwetage von Februar bis Juli, drei Tage *vor* dem Vollmond, sind ebenfalls sehr günstig. In dieser Zeit kann man auch sehr gut eine Haarkur durchführen: Von März bis Juni werden an jedem ersten Löwemondtag die Haarspitzen geschnitten – bei jedem Schnitt werden die Haare gesünder und fester.
Fische- und Krebsmondtage sind nicht gut zum Haareschneiden; die Haare werden dann stumpf oder es bilden sich Schuppen.
Beim **Haarewaschen** können wir auf den Mondstand nicht soviel Rücksicht nehmen, da wir uns natürlich schon öfter als einmal im Monat die Haare waschen möchten. Dennoch sollte es nicht unbedingt jeden Tag sein, da tägliches Haarewaschen jedes Haar auf Dauer strapaziert. Wichtig, auch für das Anwenden von Haarkuren, sind vor allem zwei Punkte. Erstens: Bei abnehmendem Mond benötigen wir deutlich weniger Shampoo und sollten daher auch weniger verwenden, um unsere Kopfhaut und unsere Umwelt zu schonen. In dieser Zeit müssen wir auch weniger oft waschen, da die Haare länger »frisch« bleiben. Zweitens: Bei zunehmendem Mond ist es sinnvoll, nach dem Waschen Haarkuren anzuwenden.
Wenn Sie an **Schuppen** leiden, wissen Sie ja aus eigener Erfahrung, wie lästig und manchmal vielleicht sogar peinlich das sein kann. Bei der großen Mehrheit der Betroffenen spielt Streß eine große Rolle. Hier hilft keine einzelne Mondregel – doch im Einklang mit den inneren und äußeren Rhythmen (und darum geht es ja in diesem Buch vor allem!) werden wir entspannter und streßfreier leben und dann werden möglichweise die Schuppen ganz nebenbei verschwinden.

Durch aggressive Haarwaschmittel, durch übertrieben häufiges Waschen und durch konsequentes Nichtbeachten der Mondkräfte können wir unserem Haar aber ebenfalls Schuppen »anhängen«.Am wichtigsten bei Schuppen ist: Nie an Fischetagen schneiden oder waschen! Medizinische Schuppenkuren wenden Sie am besten an Steinbocktagen im zunehmenden Mond an.

Hautprobleme

Unsere Haut ist unser größtes Organ und unsere Visitenkarte. Unserer Haut ist unser Lebensstil anzusehen, unser Alter, unsere Sorgen und Belastungen, unsere Gesundheit und unsere Ernährungsweise. Somit dürfte klar sein, daß eine schöne Haut nicht durch ein, zwei kleine Mondregeln zu erzielen ist. Es gibt jedoch einige Heilmittel des Mondes, die uns helfen können, eine schöne, gesunde Haut zu bekommen – und die dabei nicht nur äußerliche »Schönheitsreparaturen« vornehmen.

Nicht zuletzt spiegelt unsere Haut auch unseren seelischen Zustand wider – Probleme mit der Haut sind stets auch Probleme mit unseren Grenzen!

Heilen mit dem Mond: Ein Heilmittel, das bei allen Arten von Hautproblemen hilft, ist ein Gewürzsud aus Kurkuma, von dem Sie am besten morgens zwei bis drei Eßlöffel zu sich nehmen; auch für Waschungen ist dieser Gewürzsud geeignet. Bei Akne hat sich Spitzwegerich als Tee und für Waschungen bewährt. Bei Pilzerkrankungen, Verbrennungen, Parasiten, Ekzemen und vielen anderen Hautproblemen empfehlen sich auch immer die beiden modernen »Wundermittel« Teebaumöl und Grapefruitkernextrakt (GKE). Die Edelsteine Achat und Amethyst sowie die ätherischen Öle Niaouli, Patchouli und Sassafras helfen dabei, die seelischen Voraussetzungen für eine aus dem Inneren kommende Schönheit zu schaffen.

Worauf Sie außerdem achten sollten: Am besten für die **Hautpflege** sind Steinbocktage. Dabei gilt die gewohnte Regel: Bei abnehmendem Mond wirken alle reinigenden Maßnahmen besonders gut, bei zunehmendem Mond werden Pflegemittel und Feuchtigkeit von der Haut am besten aufgenommen. (Von Juli bis Dezember, wenn der Steinbockmond nie im abnehmenden Mond steht, ist die Mondphase für die Hautreinigung wichtiger als das Tierkreiszeichen, in dem der Mond steht.) Für Gesichtsmasken eignen sich neben den Steinbocktagen auch Widdertage, wiederum für reinigende Masken im abnehmenden (April bis September), für aufbauende Masken im zunehmenden Mond (Oktober bis März).
Pickel, Pusteln und Mitesser, besonders im Gesicht, sind für die Betroffenen meist ein großes Ärgernis. Gerade Jugendlichen wird eingeredet, daß diesem Problem mit täglichem Chemikalieneinsatz beizukommen ist. Daß die Haut von solchen Mitteln ausgetrocknet und geschädigt und somit auf Dauer gesehen auch anfälliger für Entzündungen und Hautprobleme wird, wird dabei oft vergessen. Am wichtigsten für eine gesunde Haut sind Ernährung und Lebensweise. Aber auch eine regelmäßige, nicht übertriebene Hautreinigung, möglichst im Einklang mit den Mondkräften, kann der Entstehung von Pickeln und Mitessern bis zu einem gewissen Grad vorbeugen.

Hypertonie → Bluthochdruck

Immunschwäche

Jede Erkältung oder Grippe zeigt, daß das Immunsystem die Ausbreitung der Krankheitserreger nicht aufhalten konnte. Von einer Immunschwäche spricht man aber erst dann, wenn die Abwehrkräfte besonders schwach sind – doch im Prinzip hat jeder, der krank wird, eine Stärkung seines Immunsystems nötig; dann aber natürlich nicht mit den »harten« Mittel der Pharmazie, sondern mit den Heilmitteln des Mondes.

Heilen mit dem Mond: Drei Heilmittel möchten wir hier besonders empfehlen – auch wenn sehr viele Heilmittel der alternativen Medizin förderlich auf das Immunsystem wirken. Hildegard empfiehlt den Chalcedon; am besten wirken ein regelmäßig eingenommenes Elixier und das Tragen des Steines über einer Schlagader oder der Thymusdrüse. (Sie können den Stein mit einem Heftpflaster befestigen oder ihn an einer Kette um den Hals hängen.) In der Gewürzheilkunde ist ein Ingwer-Gewürzsud das Mittel der Wahl. Nehmen Sie morgens und abends ein bis zwei Eßlöffel von diesem Sud ein. Das ätherische Öl Niaouli harmonisiert auf seelischer Ebene das Immunsystem; es wirkt auch übermäßigen Immunreaktionen entgegen und wird daher auch gerne bei Ekzemen eingesetzt.

Worauf Sie außerdem achten sollten: Kalte Waschungen, lange Spaziergänge, eine tiefe Atmung, ausgewogene, vitaminreiche Ernährung und ganz besonders auch eine positive Seelenhaltung unterstützen das Immunsystem. Ebenso wirksam sind natürlich sämtliche Methoden, die die Lebensenergie stimulieren, wie Qi Gong, Reiki, Shiatsu oder die Reflexzonentherapie.

Karies → Zahnschmerzen

Kopfschmerzen, chronische

Verspannungen sind wohl die häufigste Ursache für Kopfschmerzen, aber auch Viruserkrankungen, Vergiftungen (Alkohol, Nikotin) oder Streß können Auslöser sein. Bei der Migräne, die nicht mit streßbedingten Kopfschmerzen gleichzusetzen ist, verengen sich Blutgefäße im Gehirn und führen dadurch zu starken Schmerzen. »Normale« Kopfschmerzen, Kater-Kopfschmerzen, aber auch Migräne können meist durch entsprechende Heilmittel des Mondes deutlich gelindert werden – ganz unabhängig von der Ursache der Schmerzen, die natürlich zusätzlich behandelt werden muß.

Heilen mit dem Mond: Bei Kopfschmerzen gibt es die verschiedensten Heilmittel, die alle auf unterschiedlicher Ebene wirksam sind. Auf rein energetischer Ebene entfaltet der Saphir seine Wirkung; trinken Sie regelmäßig ein Elixier, das mit diesem Stein zubereitet wurde, legen Sie sich den Stein bei akuten Kopfschmerzen auf die Stirn oder nehmen Sie ihn in den Mund. Die Gewürzheilkunde kennt den Koriander-Gewürzsud als Mittel, das die seelischen Ursachen der Kopfschmerzen aufzulösen hilft. Die ätherischen Öle Anis, Pfefferminz und Rosenholz schlagen mitunter sofort an – allerdings können sie bei manchen Menschen und bei übermäßiger Dosierung Kopfschmerzen mitunter auch verstärken: Also seien Sie bitte etwas vorsichtig. Bei Migränekopfschmerzen gibt es zwei besondere Heilmittel, nämlich den Rubin (der auf seelischer Ebene wirkt) und Mistel-Tee (der auch die körperlichen Aspekte miteinbezieht).

Worauf Sie außerdem achten sollten: Wenn Sie Shiatsu anwenden, können Sie oft auf Schmerztabletten verzichten. Probieren Sie zumindest diese besonders wirksamen Druckpunkte aus, bevor Sie zu Medikamenten greifen. Massieren Sie die zwei Punkte in der Mitte der Augenbrauen sanft, mit zunehmendem Druck und langsam kreisenden Bewegungen, bis Sie spüren, daß die Schmerzen nachlassen. Ein weiterer wichtiger Punkt liegt auf dem Fußrücken, knapp über dem Zwischenzehenraum zwischen zweiter und dritter Zehe. Drücken Sie dreimal fünf bis sieben Sekunden lang.

Krebs

Wenn einzelne Zellen unseres Körpers sich aus der »Gemeinschaft« lösen und sich ungehemmt vermehren, kommt es zu Problemen – der »Krebs« verdrängt und zerstört das Gewebe, das seinen Teil zum Erhalt des Gesamtorganismus beiträgt. Als Auslöser für Krebs kommen radioaktive Strahlung, Erbfaktoren, Chemikalien usw. in Betracht; es gilt jedoch als sicher, daß seelische Faktoren einen großen Teil zur Entstehung (aber auch zur Spontanheilung!) von Krebs beitragen. Die Heilmittel des Mondes ersetzen keine eventuell nötige Operation oder Chemotherapie, doch sie arbeiten an den seelischen Wurzeln der Erkrankung.

Heilen mit dem Mond: Als besonders wertvoll zur Unterstützung einer Krebstherapie gilt das energetische Heilmittel Topas, ein Edelstein, den Hildegard empfiehlt. Bereiten Sie ein Elixier mit diesem Stein und nehmen Sie fünfmal täglich (oder öfters, wenn Sie das Gefühl haben, daß es Ihnen guttut) einen Eßlöffel davon ein. Außerdem sollten Sie den Stein über dem von Krebs betroffenen Teil des Körpers (oder alternativ über dem Herz) tragen. Die Kräuterheilkunde weiß schon seit langem, daß die Mistel bei Krebs mitunter »Wunder« wirken kann – das hat sich sogar bis in die Schulmedizin herumgesprochen – und es gibt zahlreiche Präparate, die Mistelextrakt beinhalten.

Worauf Sie außerdem achten sollten: Das amerikanische Ehepaar Simonton entwickelte eine Methode, mit Visualisierungen gegen Krebs vorzugehen – teils mit beachtlichen Erfolgen. Auch die Psychoneuroimmunologie, ein sehr junger Zweig der medizinischen Wissenschaft, hat herausgefunden, daß seelische Vorgänge eine große Wirkung auf körperliche Geschehnisse haben können. Wenn Sie selbst oder ein Angehöriger von Krebs betroffen

sind, sollten Sie sich über die Simonton-Methode und ähnliche Techniken zu informieren.
Darüber hinaus könnte der Mond sehr wichtig sein: Bei Krebs ist die Disharmonie und die Entfernung von den natürlichen Rhythmen auf körperlicher Ebene deutlich geworden. Wenn Sie intensiv *mit* dem Mond, im Einklang mit den Rhythmen der Natur leben, arbeiten Sie gegen die Kräfte, die zur Entstehung von Krebs führen.

Magenbeschwerden

Der Zusammenhang von Streß und Magenproblemen ist mittlerweile weithin bekannt und eines der besterforschten Phänomene der Psychosomatik. Natürlich spielen auch Ernährungsgewohnheiten eine gewisse Rolle – doch entspannte, gelassene und zufriedene Menschen mit Magenproblemen gibt es nicht! Die Heilmittel des Mondes beschränken sich nicht auf die körperliche Symptomatik, sondern wirken auch auf seelischer Ebene dem Streß, aber auch den unbewußten unterdrückten Aggressionen entgegen, auf die Magenprobleme, insbesondere aber Gastritis oder gar Magengeschwüre häufig hinweisen.

Heilen mit dem Mond: Bei allen Magenproblemen empfiehlt Hildegard den Bergkristall als energetisches Heilmittel, das die seelischen Ursachen der Erkrankung angeht. Auf ähnlicher Ebene wirkt das ätherische Anisöl, das Sie regelmäßig in Ihren Räumen (sehr günstig wäre es auch am Arbeitsplatz) verdampfen sollten. Die Kräuterheilkunde kennt besonders drei Mittel, die vor allem auf körperlicher Ebene »arbeiten«, nämlich Kamille, Ingwer und Bitterklee. Bereiten Sie aus diesen Pflanzen einen Absud und nehmen Sie täglich vor und nach den Mahlzeiten einen halben Eßlöffel ein. Ein Gewürzsud aus Mohn lindert allmählich die Schmerzen und macht auf seelischer Ebene die eigentlichen Probleme zugänglicher.

Worauf Sie außerdem achten sollten: Wichtig ist – insbesondere bei beginnenden Magenbeschwerden – die Reduktion von Streß und Anspannung. Magenkranke neigen dazu, zu glauben, daß es ohne Streß und viel Arbeit nicht ginge und verkennen dabei, daß sie sich bereits in eine Abhängigkeit (Workaholics!) begeben haben. Der Streßabbau fällt diesen Menschen also besonders schwer. Qi Gong bietet sich besonders als Ausgleich an, da es auch sehr anspruchsvolle Techniken gibt, die dem Leistungsstreben des »Streß-Menschen« entgegenkommen, es aber auf Dauer gesehen abbauen.

Menstruationsbeschwerden

Daß die Monatsregel eine ähnliche Länge wie der Lauf des Mondes hat, ist selbstverständlich kein Zufall. Bevor Kunstlicht, Nachtarbeit und vor allem die Pille in die natürlichen Rhythmen eingriffen, war der Zusammenhang von Mond, Menstruation und Fruchtbarkeit noch wesentlich deutlicher. Schon das Wort Menstruation kommt vom lateinischen *menses* – und das bedeutet nichts anderes als »Monate«. Menstruationsbeschwerden können unterschiedliche Formen annehmen: Schmerzen, zu starke, zu schwache oder zu unregelmäßige Blutungen. Neben möglichen körperlichen Ursachen ist sicherlich auch oft eine psychische Komponente mit im Spiel, die auf unterbewußte Abwehr der Sexualität oder der Weiblichkeit hinweist.

Heilen mit dem Mond: Das vielleicht wichtigste Mittel bei Menstruationsbeschwerden ist Zimt, ein Gewürz, das sich auf alle biologischen Rhythmen (Gehirnaktivität, Herzschlag, Darmtätigkeit usw.) harmonisierend auswirkt. Nehmen Sie jeden Morgen und jeden Abend zwei Teelöffel von dem Gewürzsud ein. Die Kräuterheilkunde kennt ebenfalls zwei wichtige Mittel gegen Menstruationsbeschwerden: Schafgarbe und Verbena. Diese Mittel ergänzen sich hervorragend; Verbena wirkt im abnehmenden Mond am besten (gegen Menstruationsbeschwerden), während Schafgarbe im zunehmenden Mond ihren Wirkungshöhepunkt hat.

Worauf Sie außerdem achten sollten: Bei Schmerzen, die mit der Menstruation einhergehen, schafft eine kurze Massage von zwei Shiatsu-Punkten meist schnelle Linderung.
Der erste Punkt liegt etwa fünf Zentimeter links des Nabels. Drücken Sie mit drei Fingern ca. zehn Sekunden lang einwärts; wiederholen Sie dies mindestens dreimal, wobei Sie den Druck jedesmal ein wenig steigern. In der Grube zwischen dem vierten und fünften Mittelfußknochen liegt der zweite Punkt, den wir behandeln wollen; drücken Sie diesen Punkt fünfmal, jeweils fünf Sekunden lang.

Migräne → Kopfschmerzen

Müdigkeit → Erschöpfungszustände

Negative Gedanken

Unsere Gedanken – die ja immer auch mit Gefühlen verknüpft sind – wirken sich stärker auf unsere körperliche Gesundheit aus, als den meisten Menschen klar ist. Während eine positive Geisteshaltung das Immunsystem und die Funktion unserer Organe stärkt und darüber hinaus auch noch unsere Ausstrahlung und unser Wohlbefinden verbessert, bewirkt eine negative Einstellung das Gegenteil. Negative Gedanken und Gefühle, wie Neid, Haß, Gier, Schadenfeude usw., sind also gewissermaßen »Krankheiten der Seele«, die wir so schnell wie möglich in den Griff bekommen und behandeln sollten, bevor sie auch noch unsere körperliche Gesundheit schädigen.

Heilen mit dem Mond: In der Gewürzheilkunde wird ein Kalmus-Gewürzsud (morgens und abends je ein Eßlöffel) als ein probates Mittel gegen negative Gedanken angesehen. Die meisten Heilmittel gegen alle möglichen Formen negativen Denkens und Fühlens kennt die Bach-Blütentherapie; u.a. eignen sich Gorse, Holly, White Chestnut und Willow.

Worauf Sie außerdem achten sollten: Die Einnahme von Heilmitteln des Mondes hilft dabei, negative Gedanken und Gefühle zu bewältigen; mit der Einnahme der Mittel ist es aber natürlich nicht getan! Es geht bei der notwendigen Arbeit am eigenen Selbst auch nicht darum, negative Aspekte der Persönlichkeit zu unterdrücken, sondern darum, ihre Wurzel aufzuspüren und sie dann allmählich aufzulösen: Der Gewinn für das Wohlbefinden, die Lebenszufriedenheit und auch die Gesundheit machen jede Anstrengung in diese Richtung lohnenswert.

Neurodermitis → Ekzeme

Operationen

Da dieses Thema so wichtig ist, wollen wir die wichtigsten Regeln, die für Operationen gelten, hier noch einmal ganz ausdrücklich darstellen:

- Möglichst keine Operationen an Vollmondtagen vornehmen lassen (außer Notoperationen).
- Ebenso wichtig ist es, Operationen nicht auf Tage zu legen, an denen der Mond in dem Zeichen steht, das den betroffenen Körperteil regiert.
- Neumondtage sowie jeweils zwei Tage vor und nach Voll- und Neumond sind ebenfalls ungünstig.
- Der zunehmende Mond ist nicht *besonders* ungünstig,

aber Blutungen können nicht so schnell gestillt werden, wie an den Tagen des abnehmenden Mondes.

Am günstigsten für operative Eingriffe sind die zehn Tage im abnehmenden Mond, zwei Tage nach Vollmond bis zwei Tage vor Neumond (außer wenn der Mond dann in dem zu vermeidenden Tierkreiszeichen steht).

Pilzbefall

In den letzen Jahren haben die Pilze, die den menschlichen Körper befallen können, allen voran Candida albicans, für Aufsehen gesorgt. Pilzerkrankungen am Fuß oder an den Geschlechtsorganen, gerade bei Säuglingen, aber auch an der Mundschleimhaut (Soor), waren immer schon bekannt; es weist jedoch einiges darauf hin, daß Pilze häufiger als bisher angenommen, auch die inneren Organe befallen, was zwar kaum akute und spezifische Symptome verursacht, aber das Allgemeinbefinden, die Belastbarkeit und die Abwehrkraft gegen Infektionen negativ beeinflußt. Besonders betroffen sind Personen mit geschwächter Immunabwehr (siehe auch dort).

Heilen mit dem Mond: Auf energetischer Ebene wirkt der Hildegard-Edelstein Rubin gut gegen das Eindringen von Pilzen und Parasiten in den menschlichen Körper. Der Vanille-Gewürzsud und das ätherische Öl Patchouli regen die Lebensenergie an, greifen aber auch direkt auf körperlicher Ebene die Pilze an. Die unmittelbarste Hilfe bieten jedoch die beiden »modernen Wundermittel« Teebaumöl (nur äußerlich!) und Grapefruitkernextrakt (vorwiegend innerlich).

Worauf Sie außerdem achten sollten: Eine vitaminreiche und ausgewogene, natürliche Ernährung ist in jedem Falle zu empfehlen. Alles, was die Abwehrkräfte stärkt, wird letztendlich auch die Pilze stoppen: Ausreichende Bewegung, kalte Waschungen, Übungen zur Stärkung der Lebensenergie (Qi Gong), Atemübungen und eine positive, seelische Grundeinstellung.

Potenzstörungen

Nicht nur ältere Männer klagen über Probleme mit ihrer Potenz; immer häufiger sind auch junge Männer betroffen. Ganz gleich ob diese Probleme nun auf körperliche (selten!) oder psychische Ursachen zurückzuführen sind – für die Betroffenen sind sie meist sehr belastend und führen zu einem Teufelskreis: Sie fürchten sich davor zu »versagen«, es klappt dann tatsächlich nicht, und die Versagensangst steigt dann natürlich weiter. Die Heilmittel des Mondes helfen Ängste zu lösen und aktivieren die sexuellen Energien.

Heilen mit dem Mond: Gerade die Gewürzheilkunde kennt einige Mittel, die positiv auf die Potenz wirken; sie bringen eben auch auf seelischer Ebene »Würze« ins Leben. Ein sehr wirksamer Gewürzsud wird aus drei Teilen Koriander, zwei Teilen Pfeffer und zwei Teilen Muskat hergestellt. Nehmen Sie täglich mindestens dreimal einen Eßlöffel davon ein. Eventuell sollten Sie auch das Gewürz Safran, das die Liebesfähigkeit und »Herzkraft« stärkt, hinzunehmen. Recht bekannt ist wohl auch die Wirkung der Ginsengwurzel auf die Manneskraft, und es gibt zahlreiche Präparate zu kaufen. Mindestens ebensogut wirkt aber ein aus der frischen Wurzel hergestellter Tee, den Sie übrigens auch äußerlich anwenden können, oder ein Tonikum (wobei dann auch der Wein seinen Teil beiträgt).

Worauf Sie außerdem achten sollten: Nicht nur gegen Ängste, sondern auch für die direkte Beeinflußung

der Sexualkraft sind die Methoden, die mit der Lebensenergie arbeiten, besonders hilfreich. Eine regelmäßige Massage und Visualisierung auf das Sakralchakra stärkt auf Dauer gesehen die sexuellen Kräfte. Direkter wirkt eine Shiatsu-Massage. Ein wichtiger Punkt liegt etwa eine Handbreit rechts und links neben dem Brustbein, zwischen der sechsten und siebten Rippe, in der Höhe, in der das Brustbein endet. Drücken Sie diese Punkte dreimal für zehn Sekunden. Ein weiterer Punkt liegt auf der Mittellinie des Körpers, etwa eine Handbreit unter dem Nabel. Drücken Sie mit beiden Daumen mindestens 15 Sekunden lang; wiederholen Sie das dreimal und steigern Sie jedesmal den Druck (es sollte aber natürlich nicht weh tun!).
Auch die Fußreflexzonenmassage kann erstaunliche Wirkungen zeigen; massieren Sie regelmäßig die Mittelpunkte ihrer Fersen mit starkem Druck. Möglicherweise spüren Sie die Aktivierung, die diese Massage bewirkt, unmittelbar!

Rheumatische Beschwerden

Rheumatische Beschwerden, bzw. Rheumatismus, ist ein Sammelbegriff unter den die unterschiedlichsten Schmerzzustände des Bewegungsapparates fallen: Arthrosen, Polyarthritis, Muskelrheumatismus und auch die Gicht. So verschiedene Ursachen diese Krankheiten auch haben, so ist ihnen doch auch mehreres gemein. Sie sind mit *Schmerzen* verbunden und sie schränken unsere *Beweglichkeit* ein. Auf seelischer Ebene konfrontieren uns rheumatische Beschwerden also immer mit dem Thema unserer, auch seelischen, Unbeweglichkeit, Starrheit und Unflexibilität.

Heilen mit dem Mond: Entsprechend der Vielzahl der Leiden, die unter die Bezeichnung »Rheumatismus« fallen, gibt es auch eine große Zahl von Naturheilmitteln. Wir führen im folgenden Mittel auf, die nicht spezifisch auf eine ganz bestimmte Form rheumatischer Beschwerden wirken, sondern die sich bei allen Formen von Rheumatismus als hilfreich erwiesen haben. Dabei wären zunächst einmal die Edelsteine der Hildegard-Medizin zu nennen: Jaspis, Chrysopras und Saphir (die beiden letzteren v.a. auch bei Gicht) – bereiten Sie mit diesen Steinen ein Elixier und tragen Sie die Steine über einer Schlagader oder direkt über der schmerzenden Stelle. Die Gewürzheilkunde empfiehlt einen Gewürzsud aus Sternanis und Muskat, den Sie innerlich und äußerlich anwenden können. Allgemein harmonisierend bei rheumatischen Beschwerden wirken die ätherischen Öle Cajeput und Sassafras. Die Kräuterheilkunde kennt so viele Mittel gegen die verschiedensten Arten von Rheumatismus, daß wir sie gar nicht alle aufführen können: u.a. Ingwer, Brennessel, Löwenzahn und Teufelskralle (vor allem bei Gicht).

Worauf Sie außerdem achten sollten: Methoden, die den Fluß der Lebensenergie in Bewegung halten, sind bei allen Arten von rheumatischen Beschwerden zu empfehlen. Am besten sind natürlich aktive Techniken, wie Qi Gong oder Taijiquan, doch auch eine regelmäßige Fußreflexzonenmassage (am wirksamsten, wenn der Mond im Steinbock steht) kann die Beschwerden oft dauerhaft lindern.

Schlafstörungen

Der Schlaf ist mehr als nur Ruhe. Schlaf ist wichtig für die Gesundheit, vielleicht sogar lebenswichtig. Für manche Menschen wird der Schlaf jedoch zum Problem: Sie können nicht mehr ein- oder durchschlafen, und darunter leidet dann ihre Gesundheit und ihr ganzes Lebensgefühl.

Eine Aufarbeitung der zugrundeliegenden Probleme ist das A und O – die ärztliche Abklärung möglicher körperlicher Ursachen ist nötig; nutzen Sie aber auch die Möglichkeit, einen Psychologen oder ärztlichen Psychotherapeuten zu Rate zu ziehen.

Heilen mit dem Mond: Die Kräuterheilkunde kennt Baldrian als bewährte, sanfte und nebenwirkungsfreie Einschlafhilfe (wenn Sie aufgrund von Alpträumen Angst vor dem Einschlafen haben). Ein Thymian-Tee wirkt ebenso wie ein Gewürzsud aus Anis auf körperlicher *und* seelischer Ebene. Die Edelsteine Achat und Jaspis, die Hildegard bei Schlafstörungen und Alpträumen empfiehlt, sind ganz und gar seelische Heilmittel, die dabei helfen die tieferliegenden Ursachen aufzulösen. Ähnlich wirken auch verschiedene Bach-Blütenheilmittel (siehe auch → Ängste).

Worauf Sie außerdem achten sollten: Nicht nur bei Alpträumen ist es sinnvoll ein Traumtagebuch zu führen, in dem alle Träume aufgezeichnet werden. Auf diese Art und Weise lernen Sie sich besser an den Inhalt Ihrer Träume zu erinnern und können die Botschaft des Traumes leichter entschlüsseln. Symbollexika sind dabei übrigens wenig hilfreich – viel besser ist es, auf seine Gefühle und Reaktionen im Traum zu achten und zu überlegen, was diese Reaktionen für das Leben im Alltag bedeuten. Abwegige Interpretationen sind fast nie zutreffend!

Wenn Sie Schlaftabletten nehmen, sollten Sie sich bewußt sein, daß diese nicht nur auf Dauer gesehen Abhängigkeiten erzeugen, sondern überdies auch noch den Schlaf und die Verarbeitung unterbewußter Probleme im Traum behindern. Neben den Mondheilmitteln ist auch ein wenig warmes Bier ein hervorragendes und nebenwirkungsfreies Schlafmittel – allerdings in kleinen Mengen! Ein kleines Glas (0,1 - 0,2 l) genügt vollkommen.

Sucht und Abhängigkeit

Wenn wir das Wort »Sucht« hören, denken wir in erster Linie an illegale Rauschmittel. Doch mittlerweile dürfte sich herumgesprochen haben, daß nicht nur Heroin, sondern auch Alkohol, Nikotin und Beruhigungsmittel körperliche Abhängigkeit verursachen können. *Psychisch* abhängig können wir dagegen von allem werden, was uns Lustgewinn verschafft: von Rauschmitteln wie Haschisch, Schokolade oder Kaffee, von Glücksspielen, von Sex, bestimmten Verhaltensweisen, ja sogar von bestimmten Menschen. Kein Rauschmittel, keine Tätigkeit und auch Sex führen nicht automatisch zu Abhängigkeit. Die Abhängigkeit spielt sich vorwiegend auf seelischer Ebene ab und ist stets Ausdruck eines Mangels – meist ist es der Mangel an Liebe und Zuwendung. Eine Lösung von Abhängigkeiten kann daher niemals über Verbote oder durch Werbefeldzüge geschürte irrationale Ängste führen, sondern nur über das Bewußtmachen der Abhängigkeit und das Ersetzen durch sinnvollere Verhaltensweisen.

Die Heilmittel des Mondes können uns bei diesem Prozeß unterstützen.

Heilen mit dem Mond: Das Mittel der Wahl in der Gewürzheilkunde ist der Kümmel-Gewürzsud. Dieses Mittel wirkt auf seelischer Ebene harmonisierend, hilft bei der Entgiftung und bei der Linderung von Entzugserscheinungen. Ähnlich wirkt das ätherische Öl Sassafras. Die Bach-Blütenheilmittel Agrimony und Wild Oat wirken ganz gezielt den seelischen Blockaden, die zur Abhängigkeit führen, entgegen.

Worauf Sie außerdem achten sollten: Wenn Sie das Rauchen, den Alkohol oder eine andere schlechte Gewohnheit aufgeben wollen, ist es das Wichtigste, daß Sie die ersten Tage überstehen, in der das Gewohnte fehlt. Besonders bei Stoffen wie Alkohol oder Nikotion ist der gesamte Körper dermaßen an die ständige Zufuhr gewöhnt, daß es beim Absetzen zu mehr oder weniger starken Entzugserscheinungen kommt. Damit der Anfang einer Entziehung oder Entwöhnung erfolgreich wird, können wir die Mondkräfte als Helfer heranziehen:

- Beginnen Sie an einem Neumondtag oder einen Tag vorher mit einer Alkohol- oder Zigarettenpause. An diesen Tagen reinigt sich der Körper ganz besonders stark von Giften.
- Reduzieren Sie an den folgenden 14 Tagen den Genußmittelkonsum.
- Am Vollmondtag nehmen Sie das letzte Mal bewußt Abschied von Ihrer alten, ungeliebten Gewohnheit und lassen Sie sie los.
- Zwillings- oder Löwemondtage im abnehmenden Mond sind gute Termine, um Gewohnheiten von einem Moment zum anderen aufzugeben.
- An Jungfraumondtagen sind wir besonders nervös, deshalb ist es hilfreich darauf zu achten, daß diese Tage nicht auf die ersten Tage unserer Entwöhnung fallen.

Übergewicht

Viele Menschen in unserem Lande leiden an Übergewicht. Natürlich *leidet* aber keineswegs jeder, der Übergewicht hat, auch darunter! Und wer sich wohl fühlt, macht eigentlich alles richtig.

Mitunter eröffnen sich jedoch bei einer näheren Betrachtung interessante Zusammenhänge: Das Übergewicht ist nicht selten ein Zeichen des Unterbewußtseins, mit dem es signalisieren will, daß dem Betroffenen Liebe in seinem Leben fehlt. Das viele Essen, das sich der Eßsüchtige einverleibt, ist Stellvertreter für die Liebe, nach der es jeden Menschen hungert. Aber nicht jeder, der gerne gut und reichlich ißt und ein paar Pfunde mehr auf die Waage bringt, *leidet* an Übergewicht und/oder Liebesmangel! Bevor wir uns also dazu entschließen, unser Gewicht zu reduzieren, sollten wir in uns hineinhorchen, ob wirklich wir oder aber die anderen das wollen und es brauchen.

Wenn Sie mit einer Diät, einer Fastenkur, einer Nahrungsumstellung oder auch nur mit einem neuen Ernährungsbewußtsein beginnen wollen, ist der Vollmondtag ideal – die folgenden zwei Wochen scheidet der Körper Gifte besser aus und verliert leichter überschüssiges Fett.

Für eine Nahrungsumstellung oder eine neue achtsame Ernährungsweise gibt es eine andere Möglichkeit, wenn nicht in erster Linie eine schnelle Gewichtsabnahme das Ziel ist, sondern ein stabile Veränderung der Lebensweise: Am Neumondtag entgiftet sich der Körper ganz besonders stark; mit einem Fastentag können wir diesen Prozeß fördern und uns für eine neue Zeit reinigen. Es fällt uns dann leichter, unsere wahren Bedürfnisse und den tatsächlichen Geschmack unserer Nahrung wahrzunehmen.

Der Mondstand im Tierkreis kann eine Diät unterstützen:

- *Feuertage* (Widder, Löwe, Schütze): In dieser Zeit verbrennt der Körper Fett besser. Mit einer Diät an solchen Tagen zu beginnen, bringt schnelle Anfangserfolge (natürlich müssen Sie zusätzlich darauf achten, im abnehmenden Mond zu beginnen).
- *Wassertage* (Krebs, Skorpion, Fische): An diesen Tagen nehmen wir leichter zu. Wenn wir unser Gewicht reduzieren, uns aber dennoch wohl fühlen wollen, sollten wir ausreichend essen, dabei aber darauf achten, wenig Fett zu uns zu nehmen. Wassertage, die auf den zunehmenden Mond (mit dem Höhepunkt des Vollmon-

des) fallen, sind kritische Tage und oft der Punkt, an dem alle guten Vorsätze über Bord geworfen werden. Wenn Sie das wissen, können Sie mit dem Problem sicherlich besser zurechtkommen.

Heilen mit dem Mond: Der Edelstein Jaspis kann Ihnen bei Ihrer Diät helfen – tragen Sie ihn einfach bei sich und nehmen Sie ihn in die Hand oder in den Mund, wenn Sie Appetit verspüren.
(Allerdings sollte der Appetit auch wieder nicht so groß sein, daß sie den Stein verzehren!)

Unfruchtbarkeit

Viele Frauen und Männer wünschen sich Kinder, aber es »funktioniert« einfach nicht. Es ist in der Tat erschreckend, daß es in den Industrieländern immer weniger zeugungsfähige Männer gibt – erschreckend, weil es zeigt, wie sehr unsere Umwelt bereits vergiftet ist und wie direkt sich das auf uns auswirkt. In Deutschland soll mittlerweile jeder dritte Mann unfruchtbar sein! Bei Frauen ist das nicht ganz so klar wie bei Männern, aber die Tendenz dürfte ähnlich sein.

Wenn Sie darunter leiden, daß Sie sich Kinder wünschen, aber Ihre »Bemühungen« bisher nicht von Erfolg gekrönt waren, probieren Sie doch einmal die folgenden Heilmittel des Mondes aus. Wichtig ist dabei, daß auch Ihr Partner mitmacht!

Heilen mit dem Mond: Das Mondheilmittel der Wahl bei Unfruchtbarkeit – sowohl für Männer als auch für Frauen – ist Safran. Nehmen Sie von dem Gewürzsud morgens einen Eßlöffel voll ein. Mit Safran und Rotwein können Sie auch ein sehr wirksames Tonikum herstellen, das Sie dann ebenso einnehmen wie den Gewürzsud.

Worauf Sie außerdem achten sollten: Die Heilmittel des Mondes sollten Sie, um die beste Wirkung zu erzielen, mit Ihrem bisherigen Wissen über die Wirkung des Mondes kombinieren.

Besonders fruchtbare Tage sind:

- Tage, in denen der Mond im Skorpion steht.
- Tage, an denen der Mond zunimmt.
- Vollmondtage.

Wenn wir diese »Regeln« kombinieren, stellen wir fest, daß in den Monaten Mai bis Oktober der zunehmende Mond im Skorpion steht – im Mai fällt der Vollmond meist auf einen Skorpiontag. Diese Tage sind ganz besonders fruchtbar.

Vielleicht erscheint es Ihnen etwas abwegig, Ihr Liebesleben so genau zu planen, doch möglicherweise ist es der Aufwand schließlich doch wert...

Verdauungsstörungen

Auf den ersten Blick erscheinen Durchfall und Verstopfung auf zwei gegensätzliche Probleme hinzudeuten. Wir behandeln beides jedoch unter dem übergeordneten Begriff »Verdauungsstörungen«, da die zugrundeliegenden Ursachen ähnlich sind. Zum ersten ist in beiden Fällen die natürliche Darmfunktion behindert und zum zweiten haben beide Probleme auf seelischer Ebene mit dem Thema Festhalten und Loslassenkönnen zu tun und damit auch mit dem umfassenderen Thema Angst.

Die gesunde, natürliche Funktion des Darmes beinhaltet einen rhythmischen Ablauf, der wiederum von dem großen Naturrhythmus des Mondes beeinflußt wird. Leben wir mit dem Rhythmus der Natur, werden uns Verdauungsstörungen wohl weitgehend fremd sein. Mit den Heilmitteln des Mondes können Sie die meisten Verdauungsbeschwerden gut behandeln und darüber hinaus auch die Auflösung der tieferliegenden Probleme fördern.

Heilen mit dem Mond: Die meisten Magenmittel kennt wohl die Kräuterheilkunde: Löwenzahn, Angelika, Kamille, Schafgarbe. Aus diesen Pflanzen können Sie heilkräftige Tees herstellen, die die Magenprobleme zuverlässiger auflösen als viele Medikamente. Gewürzheilmittel wirken unserer Erfahrung nach auf Dauer gesehen noch intensiver, da sie auch die seelische Ebene berühren. Bereiten Sie sich einen Gewürzsud aus Kalmus, Kümmel und/oder Anis und nehmen Sie davon nach den Mahlzeiten ein bis zwei Eßlöffel ein.

Worauf Sie außerdem achten sollten: Auf Dauer gesehen bedarf eine gesunde, harmonische Verdauung vor allem einer ausgewogenen, natürlichen Nahrung sowie einer Lebensweise, der körperliche Bewegung nicht völlig fremd geworden ist: Oft können selbst lange bestehende, chronische Verdauungsbeschwerden durch ein bis zwei halbstündige Spaziergänge täglich deutlich gebessert werden.

Vergiftungen, chronische

Wir haben es ja schon an mehreren Stellen angesprochen: Mit unserer Umwelt steht es nicht gerade zum besten und das wirkt auf uns zurück. Die Gifte, mit denen wir Luft, Boden und Gewässer belasten, gelangen schließlich in unseren Körper und bringen uns aus dem Gleichgewicht. Die zunehmende Unfruchtbarkeit, Krebs und viele Zivilisationskrankheiten sind höchstwahrscheinlich durch Gifte, die sich in unserem Körper ansammeln, mitverursacht.

Deshalb ist es umso wichtiger, daß wir zu den natürlichen Rhythmen zurückfinden und es im Einklang mit dem Mond schaffen, zumindest einen Teil dieser Gifte wieder loszuwerden. Einige Mondheilmittel können uns dabei helfen.

Heilen mit dem Mond: Eine ganz besondere Wirkung bei chronischen Vergiftungen haben die Edelsteine der Hildegard-Medizin: Aquamarin, Chrysopras und Topas. Stellen Sie sich aus diesen Steinen Elixiere her und tragen Sie einen dieser Steine stets bei sich – über dem Herzen, der Leber und dem Magen.

Worauf Sie außerdem achten sollten: Wir haben ja schon darüber berichtet, daß es bestimmte mondphasenabhängige Zeiten gibt, in denen sich der Körper leichter entgiftet:

- der abnehmende Mond
- der Neumondtag
- Jungfraumondtage für die Entgiftung des Verdauungstraktes (am besten zwischen September und Februar)
- Löwemondtage für die Blutreinigung (am besten zwischen August und Januar)
- Krebsmondtage für die Entgiftung über die Leber (am besten zwischen Juli und Dezember)

Verstopfung → Verdauungsstörungen

Zahnschmerzen

Bei Zahnschmerzen sollten Sie unbedingt zum Zahnarzt gehen, auch wenn Sie mit Hausmitteln die Schmerzen kurzfristig in den Griff bekommen. Karies, die zu Zahnschmerzen führt, heilt nicht von selbst!

Heilen mit dem Mond: Um die Schmerzen kurzfristig zu lindern, hat sich insbesondere die Gewürznelke bewährt.

Worauf Sie außerdem achten sollten: Für Zahnbehandlungen gelten keine besonderen Regeln, doch wir sollten uns klarmachen, daß Zahnbehandlungen praktisch immer Eingriffe sind, die mit kleinen Operationen zu vergleichen sind. Es gelten also die Mondregeln für Operationen: nicht an Vollmond- und Neumondtagen und nicht, wenn der Mond in den Zeichen Widder oder Stier steht.

- Der abnehmende Mond ist für einige Zahnarzttermine auch aus einem weiteren Grund von Bedeutung: Zahnfüllungen, Brücken und Kronen halten besser, wenn sie in dieser Zeit – am besten an Löwe-, Skorpion- oder Wassermannmondtagen – gemacht werden.
- Für sonstige Zahnbehandlungen sind Zwillings- und Jungfraumondtage im abnehmenden Mond ideal.

Zuckerkrankheit → Diabetes

Empfehlenswerte Literatur

Allgemeines

Linditsch, J.: *Das Mond-ABC. Tips und Tricks für den Alltag*. Erd, München 1996
Ein sehr praktisches Buch, das viele Möglichkeiten zeigt, die Kräfte des Mondes zu nutzen und auch zusätzliche Hinweise für die unterschiedlichsten Tätigkeiten gibt.

Paungger, J., Poppe, T.: *Vom richtigen Zeitpunkt*. Hugendubel, München 1995
Mit diesem Buch lösten die Autoren das große neue Interesse an den Mondkräften aus. Besonders interessant sind die auf persönlichen Erfahrungen beruhenden Ratschläge für Land- und Forstwirtschaft.

Schulmedizin

Langbein, K., Martin, H.P., Weiss, H.: *Bittere Pillen. Ausgabe 1996-98. Nutzen und Risiken der Arzneimittel. Ein kritischer Ratgeber*. Kiepenheuer und Witsch, Köln 1996
Damit Sie wissen, was Sie einnehmen...

Kräuterheilkunde

Büning, F., Hambly, P.: *Kräuterheilkunde von A - Z*. Knaur, München 1995

Alles was Sie über Kräuter wissen sollten, in alphabetischer Reihenfolge präsentiert.
Künzle, J.: *Das grosse Kräuterheilbuch. Ratgeber für gesunde und kranke Tage nach der giftfreien Heilmethode und den Originalrezepten.* (Unveränderter Nachdruck der Erstausgabe von 1945.), Walter, Zürich 1992
Ein sehr schönes und umfangreiches Buch (über 600 Seiten!) mit einem großen Schatz an Kräuterrezepten.

Alternative Heilkunde

Bach, E.: *Blumen, die durch die Seele heilen.* Hugendubel, München 1984
In diesem Buch finden sich die Übersetzungen zweier wichtiger Werke des Begründers der Bach-Blüten-Therapie.
Schwarz, A.A., Schweppe, R.P.: *Bach-Blüten - Gesundheit für die Seele*; mvg, München 1995
In diesem Einführungsbuch werden die 38 Heiler genau erklärt, Kombinationsmittel und über 300 Probleme, bei denen die Mittel helfen, aufgeführt.
Schwarz, A.A., Schweppe, R.P.: *Aromatherapie*; Humbold, München 1995
Wir stellen die 50 wichtigsten ätherischen Öle, ihre Anwendungsgebiete und Einsatzmöglichkeiten im Alltag dar.
Schwarz, A.A., Schweppe, R.P.: *Heilen mit Gewürzen*; Knaur, München 1997
Eine umfassende Darstellung der Gewürzheilkunde, die sowohl auf die seelischen als auch auf die körperlichen Wirkungen der Gewürze eingeht.
Schwarz, A.A., Schweppe, R.P.: *Teebaumöl – Die starke Heilkraft aus der Natur.* Humboldt, München 1997
Baginski, B., Sharamon, S.: *Citrus Paradisi - Das Wunder aus dem Grapefruitkern.* Windpferd, Aitrang 1996

Zum Thema Lebensenergie

Ohashi, W.: *Shiatsu – Die japanische Fingerdrucktherapie.* Bauer, Freiburg 1993
Das Standardwerk über Shiatsu von einem der bekanntesten Shiatsu-Therapeuten selbst verfaßt.

Schwarz, A.A., Schweppe, R.P.: *Shiatsu easy*; Humboldt, München 1995
Eine Einführung in die japanische Fingerdruckmassage.

Zöller, J.: *Das Tao der Selbstheilung.* Scherz, Bern 1987
Von einer wirklichen Kennerin der chinesischen Bewegungstherapie Qi Gong geschrieben – mit einem großen Schatz an Übungsbeschreibungen.

Schwarz, A.A., Schweppe, R.P.: *Qi Gong easy*; Humboldt, München 1995
Eine Einführung in die chinesische Atem- und Bewegungslehre.

Sommer, D.: *Das Reiki-Lexikon. Beratungsbuch zu allen Fragen der Reiki-Heilenergie-Anwendung.* Peter Erd, München 1996
Ein hilfreiches und interessantes Buch für alle, die Fragen zu Reiki haben.

Schwarz, A.A., Schweppe, R.P.: *Reiki – Heilen durch Handauflegen*; mvg, München 1996
Eine Darstellung des Usui-Systems des Reiki, in dem wir eine Möglichkeit der Selbsteinstimmung beschreiben.

Schwarz, A.A., Schweppe, R.P.: *Reflexzonenmassage an Fuß, Hand und Ohr*; Rowohlt, Reinbek 1995
Eine Darstellung der unterschiedlichen Möglichkeiten der Fuß-, Hand- und Ohrreflexzonenmassage.

Schwarz, A.A., Schweppe, R.P.: *Das Buch vom Bauch.* Hugendubel, München 1997
Das wichtigste »Energiezentrum« des Menschen, der Bauch, kommt hier umfassend zur Sprache.

Schwarz, A.A., Schweppe, R.P.: *Hildegard-Medizin*; mvg, München 1995

Ein Einführungswerk in die religiös inspirierte Heilkunst der Heiligen Hildegard von Bingen – mit einem Abschnitt über die Edelsteinheilkunde.

Mondpsychologie

Schwarz, A.A., Schweppe, R.P.: *Die Macht des Mondes*; Moewig, Rastatt 1997
In diesem Mondbuch ist ein großer Teil einer »Mondpsychologie« gewidmet, die auf dem Stand des Mondes zur Geburt beruht.

Heilen mit dem Mond – Der Kalender

Wir haben Ihnen für das Jahr 1998–2001 zusammengestellt, zu welchen Zeiten der Mond Ihnen bei der Heilung hilft und zu welchen nicht.

Zeichenerklärung

Symbol	**Bedeutung**
⚹	Rauchen aufgeben
⧗	Diät beginnen
☺	Schönheitskur
➩	Darmsanierung
~~OP~~	möglichst keine OP
💧	Blutreinigung
~~⧗~~	möglichst kein Zahnarzttermin
☯	Reflexzonenmassage zur Harmonisierung des gesamten Körpers und des Immunsystems
z	Zahnarzttermin sinvoll
✓	Kreative Phase
!	Auf Intuition achten!
⊙	Teekur für Nieren und Blase
✂	Haarspitzen schneiden

JANUAR-1998					FEBRUAR-1998					MÄRZ-1998				
Tag	Datum	Tierkreiszeichen	Mondphase	Tätigkeit	Tag	Datum	Tierkreiszeichen	Mondphase	Tätigkeit	Tag	Datum	Tierkreiszeichen	Mondphase	Tätigkeit
D	1	♒		✓	S	1	♈		✶	S	1	♈		✶
F	2	♒		✓	M	2	♈		✶	M	2	♈		✶
S	3	♓		☯	D	3	♉	☽	⧖	D	3	♉		⧖✶
S	4	♓		☯	M	4	♉		⧖	M	4	♉		⧖✶
M	5	♈	☽		D	5	♉		⧖	D	5	♊	☽	
D	6	♈			F	6	♊			F	6	♊		
M	7	♉		⧖	S	7	♊			S	7	♋		
D	8	♉		⧖	S	8	♋			S	8	♋		
F	9	♊			M	9	♋			M	9	♌		✂
S	10	♊			D	10	♌		~~OP⧖~~	D	10	♌		
S	11	♊		~~OP⧖~~	M	11	♌	🌕	~~OP⧖~~⌛	M	11	♌		
M	12	♋	🌕 18.26	~~OP⧖~~	D	12	♌	11.25	~~OP⧖~~⌛	D	12	♍		~~OP⧖~~
D	13	♋		~~OP⧖~~	F	13	♍			F	13	♍	🌕 05.34	~~OP⧖~~
M	14	♌		⌛	S	14	♍			S	14	♎		~~OP⧖~~
D	15	♌		⌛	S	15	♎		⊙	S	15	♎		⊙
F	16	♍			M	16	♎		⊙	M	16	♎		⊙
S	17	♍			D	17	♎		⊙	D	17	♏		
S	18	♍			M	18	♏			M	18	♏		
M	19	♎		⊙	D	19	♏	☾	⌛	D	19	♐		➩
D	20	♎	☾	⊙	F	20	♐		⌛➩	F	20	♐		➩
M	21	♏			S	21	♐		⌛➩	S	21	♐	☾	➩
D	22	♏			S	22	♑		💧⧖	S	22	♑		💧⧖
F	23	♏			M	23	♑		💧⧖	M	23	♑		💧⧖
S	24	♐		⌛➩	D	24	♑		💧⧖	D	24	♒		Z
S	25	♐		⌛➩	M	25	♒		~~OP~~	M	25	♒		Z
M	26	♑		💧⧖	D	26	♒	🌑 18.23	~~OP⧖~~	D	26	♓		☯
D	27	♑		~~OP⧖~~💧	F	27	♓		~~OP⧖~~	F	27	♓		~~OP~~
M	28	♒	🌑 06.58	~~OP⧖~~	S	28	♓		☯	S	28	♈	🌑 04.13	~~OP⧖~~✶
D	29	♒		~~OP~~						S	29	♈		~~OP⧖~~✶
F	30	♓		☯						M	30	♉		⧖✶
S	31	♓		☯						D	31	♉		⧖✶

APRIL-1998					MAI-1998					JUNI-1998				
Tag	Datum	Tierkreiszeichen	Mondphase	Tätigkeit	Tag	Datum	Tierkreiszeichen	Mondphase	Tätigkeit	Tag	Datum	Tierkreiszeichen	Mondphase	Tätigkeit
M	1	♊	●	⚹	F	1	♋	○	⚹	M	1	♌		
D	2	♊		⚹	S	2	♋		⚹	D	2	♍	☽	
F	3	♋	☽		S	3	♌	☽	✂	M	3	♍		
S	4	♋			M	4	♌			D	4	♎		
S	5	♋			D	5	♍			F	5	♎		
M	6	♌			M	6	♍			S	6	♎		
D	7	♌			D	7	♍			S	7	♏		!
M	8	♍			F	8	♎			M	8	♏		!
D	9	♍			S	9	♎			D	9	♐		~~DP⌛~~
F	10	♍		~~DP⌛~~	S	10	♏		~~DP⌛~~	M	10	♐	○ 05.17	~~DP⌛~~⌛
S	11	♎	○ 23.22	~~DP⌛~~	M	11	♏	○ 15.27	~~DP⌛~~	D	11	♐		~~DP⌛~~⌛
S	12	♎		~~DP⌛~~	D	12	♏		~~DP⌛~~	F	12	♑		~~⌛~~
M	13	♏			M	13	♐		⌛~~⌛~~	S	13	♑		~~⌛~~
D	14	♏			D	14	♐		⌛~~⌛~~	S	14	♒		Z
M	15	♏			F	15	♑		~~⌛~~	M	15	♒		Z
D	16	♐		⌛	S	16	♑		~~⌛~~	D	16	♓		☯
F	17	♐		⌛	S	17	♑		~~⌛~~	M	17	♓	☾	☯
S	18	♑		~~⌛~~	M	18	♒		Z	D	18	♈		⌛
S	19	♑	☾	💧~~⌛~~	D	19	♒	☾	Z	F	19	♈		⌛
M	20	♒		Z	M	20	♓		☯	S	20	♉		💧~~⌛~~
D	21	♒		Z	D	21	♓		☯	S	21	♉		💧~~⌛~~
M	22	♒		Z	F	22	♈		⌛	M	22	♊		
D	23	♓		☯	S	23	♈		⌛	D	23	♊		~~DP~~
F	24	♓		☯	S	24	♉		~~DP⌛~~💧	M	24	♋	● 04.53	~~DP⌛~~⚹
S	25	♈		~~DP~~⌛	M	25	♉	● 20.34	~~DP⌛~~⚹	D	25	♋		~~DP~~⚹
S	26	♈	● 12.43	~~DP⌛~~⚹	D	26	♊		~~DP~~⚹	F	26	♋		⚹
M	27	♉		~~⌛~~⚹	M	27	♊		⚹	S	27	♌		✂
D	28	♉		~~⌛~~⚹	D	28	♋		⚹	S	28	♌		
M	29	♊		⚹	F	29	♋		⚹	M	29	♍		
D	30	♊		⚹	S	30	♌		✂	D	30	♍		
					S	31	♌							

JULI-1998					AUGUST-1998					SEPTEMBER-1998				
Tag	Datum	Tierkreiszeichen	Mondphase	Tätigkeit	Tag	Datum	Tierkreiszeichen	Mondphase	Tätigkeit	Tag	Datum	Tierkreiszeichen	Mondphase	Tätigkeit
M	1	♎	☽		S	1	♏	☽	!	D	1	♐	☽	
D	2	♎			S	2	♏		!	M	2	♑		☺~~⌛~~
F	3	♎			M	3	♐			D	3	♑		☺~~⌛~~
S	4	♏		!	D	4	♐			F	4	♒		✓
S	5	♏		!	M	5	♑		☺~~⌛~~	S	5	♒		~~OP~~~~⌛~~
M	6	♐			D	6	♑		☺~~⌛~~	S	6	♓	○ 12.17	~~OP~~~~⌛~~
D	7	♐			F	7	♒		~~OP~~~~⌛~~	M	7	♓		~~OP~~~~⌛~~
M	8	♐		~~OP~~~~⌛~~	S	8	♒	○ 03.07	~~OP~~~~⌛~~	D	8	♈		⌛
D	9	♑	○ 16.58	~~OP~~~~⌛~~	S	9	♒		~~OP~~~~⌛~~	M	9	♈		⌛
F	10	♑		~~OP~~~~⌛~~	M	10	♓		☯	D	10	♉		~~⌛~~
S	11	♒		Z	D	11	♓		☯	F	11	♉		~~⌛~~
S	12	♒		Z	M	12	♈		⌛	S	12	♊		
M	13	♓		☯	D	13	♈		⌛	S	13	♊	☾	
D	14	♓		☯	F	14	♉	☾	💧~~⌛~~	M	14	♋		➾
M	15	♈		⌛	S	15	♉		💧~~⌛~~	D	15	♋		➾
D	16	♈	☾	⌛	S	16	♊			M	16	♋		➾
F	17	♈		⌛	M	17	♊			D	17	♌		⌛
S	18	♉		💧~~⌛~~	D	18	♋		➾	F	18	♌		⌛
S	19	♉		💧~~⌛~~	M	19	♋		➾	S	19	♍		~~OP~~💧
M	20	♊			D	20	♌		⌛	S	20	♍	● 18.04	~~OP~~~~⌛~~
D	21	♊			F	21	♌		~~OP~~⌛	M	21	♎		~~OP~~
M	22	♋		~~OP~~⌛	S	22	♌	● 03.03	~~OP~~~~⌛~~	D	22	♎		⊙
D	23	♋	● 14.47	~~OP~~~~⌛~~	S	23	♍		~~OP~~	M	23	♎		⊙
F	24	♌		~~OP~~~~✂~~	M	24	♍			D	24	♏		!
S	25	♌			D	25	♎			F	25	♏		!
S	26	♍			M	26	♎			S	26	♐		
M	27	♍			D	27	♎			S	27	♐		
D	28	♍			F	28	♏		!	M	28	♐	☽	
M	29	♎			S	29	♏		!	D	29	♑		☺~~⌛~~
D	30	♎			S	30	♐	☽		M	30	♑		☺~~⌛~~
F	31	♏	☽	!	M	31	♐							

OKTOBER-1998					NOVEMBER-1998					DEZEMBER-1998				
Tag	Datum	Tierkreiszeichen	Mondphase	Tätigkeit	Tag	Datum	Tierkreiszeichen	Mondphase	Tätigkeit	Tag	Datum	Tierkreiszeichen	Mondphase	Tätigkeit
D	1	♒	☽		S	1	♓		☯	D	1	♉		~~⧗~~
F	2	♒			M	2	♈		⌛	M	2	♉		~~OP~~ ~~⧗~~
S	3	♓		☯	D	3	♈		~~OP~~ ~~⧗~~ ⌛	D	3	♊	🌕	~~OP~~ ~~⧗~~
S	4	♓		~~OP~~ ~~⧗~~	M	4	♉	🌕 06.19		F	4	♊	16.21	~~OP~~ ~~⧗~~
M	5	♈	🌕 21.10	~~OP~~ ~~⧗~~ ⌛	D	5	♉		~~OP~~ ~~⧗~~	S	5	♋		~~OP~~ ~~⧗~~
D	6	♈		~~OP~~ ~~⧗~~ ⌛	F	6	♊			S	6	♋		
M	7	♉		~~⧗~~	S	7	♊			M	7	♌		⌛
D	8	♉		~~⧗~~	S	8	♋			D	8	♌		⌛
F	9	♊			M	9	♋			M	9	♌		⌛
S	10	♊			D	10	♌		⌛	D	10	♍	☾	➾💧
S	11	♊			M	11	♌	☾		F	11	♍		➾💧
M	12	♋	☾	➾	D	12	♍		➾💧	S	12	♎		⊙
D	13	♋		➾	F	13	♍		➾💧	S	13	♎		⊙
M	14	♌			S	14	♍		➾💧	M	14	♎		⊙
D	15	♌			S	15	♎		⊙	D	15	♏		
F	16	♍		➾💧	M	16	♎		⊙	M	16	♏		
S	17	♍		➾💧	D	17	♏		!	D	17	♐		~~OP~~ ➾
S	18	♍		➾💧	M	18	♏		! ~~OP~~	F	18	♐	🌑	~~OP~~ ~~⧗~~
M	19	♎		~~OP~~ ⊙	D	19	♏	🌑 05.24	~~OP~~ ~~⧗~~	S	19	♐	23.43	~~OP~~ ~~⧗~~
D	20	♎	🌑 11.09	~~OP~~ ~~⧗~~	F	20	♐		~~OP~~ ~~⧗~~	S	20	♑		~~⧗~~
M	21	♏		~~OP~~	S	21	♐			M	21	♑		~~⧗~~
D	22	♏		!	S	22	♑			D	22	♒		✓
F	23	♏		!	M	23	♑			M	23	♒		✓
S	24	♐			D	24	♑			D	24	♓		☯
S	25	♐			M	25	♒		✓	F	25	♓		☯
M	26	♑		~~⧗~~	D	26	♒		✓	S	26	♓	☽	
D	27	♑		~~⧗~~	F	27	♓	☽	☯	S	27	♈		⌛
M	28	♑	☽	~~⧗~~	S	28	♓		☯	M	28	♈		⌛
D	29	♒		✓	S	29	♈		⌛	D	29	♉		~~⧗~~
F	30	♒		✓	M	30	♈		⌛	M	30	♉		~~⧗~~
S	31	♓		☯						D	31	♊		

JANUAR-1999					FEBRUAR-1999					MÄRZ-1999				
Tag	Datum	Tierkreiszeichen	Mondphase	Tätigkeit	Tag	Datum	Tierkreiszeichen	Mondphase	Tätigkeit	Tag	Datum	Tierkreiszeichen	Mondphase	Tätigkeit
F	1	♊	☽	~~OPZ~~	M	1	♌	○	~~OPZ~~⧗	M	1	♌	☽	~~OPZ~~
S	2	♋	○ 02.50	~~OPZ~~	D	2	♌		⧗	D	2	♍	○ 08.00	~~OPZ~~
S	3	♋		~~OPZ~~	M	3	♍			M	3	♍		~~OPZ~~
M	4	♌		⧗	D	4	♍			D	4	♎		⊙
D	5	♌		⧗	F	5	♎		⊙	F	5	♎		⊙
M	6	♍			S	6	♎		⊙	S	6	♎		⊙
D	7	♍			S	7	♏			S	7	♏		
F	8	♍			M	8	♏	☾		M	8	♏		
S	9	♎	☾	⊙	D	9	♏			D	9	♐		⧗
S	10	♎		⊙	M	10	♐		⧗➩	M	10	♐	☾	⧗➩
M	11	♏			D	11	♐		⧗➩	D	11	♐		⧗➩
D	12	♏			F	12	♑		💧~~Z~~	F	12	♑		💧~~Z~~
M	13	♏			S	13	♑		💧~~Z~~	S	13	♑		💧~~Z~~
D	14	♐		⧗➩	S	14	♑		💧~~Z~~	S	14	♒		Z
F	15	♐		⧗➩	M	15	♒		~~OP~~	M	15	♒		Z
S	16	♑		~~OPZ~~💧	D	16	♒	● 07.35	~~OPZ~~	D	16	♓		~~OP~~
S	17	♑	● 16.44	~~OPZ~~	M	17	♓		~~OP~~	M	17	♓	● 19.44	~~OPZ~~
M	18	♒		~~OP~~✓	D	18	♓		☯	D	18	♓		~~OPZ~~
D	19	♒		✓	F	19	♈		⚹	F	19	♈		⚹
M	20	♒		✓	S	20	♈		⚹	S	20	♈		⚹
D	21	♓		☯	S	21	♉		⚹~~Z~~	S	21	♉		⚹~~Z~~
F	22	♓		☯	M	22	♉		⚹~~Z~~	M	22	♉		⚹~~Z~~
S	23	♈		⚹~~Z~~	D	23	♊	☽		D	23	♊		⚹
S	24	♈	☽		M	24	♊			M	24	♊	☽	
M	25	♉		~~Z~~	D	25	♋			D	25	♋		
D	26	♉		~~Z~~	F	26	♋			F	26	♋		
M	27	♊			S	27	♋			S	27	♌		✂
D	28	♊			S	28	♌		✂	S	28	♌		
F	29	♋								M	29	♍		
S	30	♋		~~OPZ~~						D	30	♍		~~OPZ~~
S	31	♌	○ 17.10	~~OPZ~~⧗						M	31	♍	○ 23.50	~~OPZ~~

APRIL-1999					MAI-1999					JUNI-1999				
Tag	Datum	Tierkreiszeichen	Mondphase	Tätigkeit	Tag	Datum	Tierkreiszeichen	Mondphase	Tätigkeit	Tag	Datum	Tierkreiszeichen	Mondphase	Tätigkeit
D	1	♎	🌕	~~OPZ~~	S	1	♏		~~OPZ~~		1	♐	🌕	⌛
F	2	♎		~~OPZ~~	S	2	♏				2	♑		~~⌛~~
S	3	♏			M	3	♐		⌛		3	♑		~~⌛~~
S	4	♏			D	4	♐		⌛		4	♒		Z
M	5	♏			M	5	♑		~~⌛~~		5	♒		Z
D	6	♐		⌛	D	6	♑		~~⌛~~		6	♓		☯
M	7	♐		⌛	F	7	♑		~~⌛~~		7	♓	☾	☯
D	8	♑		~~⌛~~	S	8	♒	☾	Z		8	♓		☯
F	9	♑	☾	☺~~⌛~~	S	9	♒		Z		9	♈		⌛
S	10	♑		☺	M	10	♓		☯		10	♈		⌛
S	11	♒		Z	D	11	♓		☯		11	♉		💧~~⌛~~
M	12	♒		Z	M	12	♈		⌛		12	♉		~~OPZ~~💧
D	13	♓		☯	D	13	♈		⌛		13	♊	🌑 20.04	~~OPZ~~⚹
M	14	♓		☯	F	14	♉		~~OPZ~~		14	♊		~~OP~~⚹
D	15	♈		~~OP~~⌛	S	15	♉	🌑 13.05	~~OPZ~~⚹		15	♋		⚹
F	16	♈	🌑 05.21	~~OPZ~~⚹	S	16	♊		~~OP~~⚹		16	♋		⚹
S	17	♉		~~OPZ~~⚹	M	17	♊		⚹		17	♌		✂
S	18	♉		⚹~~⌛~~	D	18	♋		⚹		18	♌		
M	19	♊		⚹	M	19	♋		⚹		19	♍		
D	20	♊		⚹	D	20	♌		✂		20	♍	☽	
M	21	♋		⚹	F	21	♌				21	♎		
D	22	♋	☽		S	22	♌	☽			22	♎		
F	23	♌		✂	S	23	♍		💧		23	♎		
S	24	♌			M	24	♍		💧		24	♏		!
S	25	♍		💧	D	25	♎				25	♏		!
M	26	♍		💧	M	26	♎				26	♐		
D	27	♍		💧	D	27	♎				27	♐		~~OPZ~~
M	28	♎			F	28	♏		!		28	♐	🌕 22.35	~~OPZ⌛~~
D	29	♎		~~OPZ~~	S	29	♏		!~~OPZ~~		29	♑		~~OPZ~~
F	30	♏	🌕 15.55	~~OPZ~~	S	30	♐	🌕 07.40	~~OPZ⌛~~		30	♑		~~⌛~~
					M	31	♐		~~OPZ⌛~~					

JULI-1999					AUGUST-1999					SEPTEMBER-1999				
Tag	Datum	Tierkreiszeichen	Mondphase	Tätigkeit	Tag	Datum	Tierkreiszeichen	Mondphase	Tätigkeit	Tag	Datum	Tierkreiszeichen	Mondphase	Tätigkeit
D	1	♒	🌕	Z	S	1	♓		☯	M	1	♉		~~⌛~~
F	2	♒		Z	M	2	♈		⌛	D	2	♉	☾	💧~~⌛~~
S	3	♒		Z	D	3	♈		⌛	F	3	♊		
S	4	♓		☯	M	4	♉	☾	💧~~⌛~~	S	4	♊		
M	5	♓		☯	D	5	♉		💧~~⌛~~	S	5	♋		➩
D	6	♈	☾	⌛	F	6	♊			M	6	♋		➩
M	7	♈		⌛	S	7	♊			D	7	♌		⌛
D	8	♉		💧~~⌛~~	S	8	♊			M	8	♌		~~OP~~⌛
F	9	♉		💧~~⌛~~	M	9	♋		➩	D	9	♍	🌑 23.03	~~OP⌛~~
S	10	♊			D	10	♋		~~OP~~➩	F	10	♍		~~OP~~
S	11	♊			M	11	♌	🌑 12.10	~~OP⌛~~	S	11	♎		
M	12	♋		~~OP~~	D	12	♌		~~OP~~	S	12	♎		
D	13	♋	🌑 03.25	~~OP⌛✂~~	F	13	♍			M	13	♎		
M	14	♌		~~OP✂~~	S	14	♍			D	14	♏		!
D	15	♌			S	15	♎			M	15	♏		!
F	16	♍			M	16	♎			D	16	♐		
S	17	♍			D	17	♏		!	F	17	♐	☽	
S	18	♍			M	18	♏		!	S	18	♐		
M	19	♎			D	19	♏	☽	!	S	19	♑		☺~~⌛~~
D	20	♎	☽		F	20	♐			M	20	♑		☺~~⌛~~
M	21	♏		!	S	21	♐			D	21	♒		✓
D	22	♏		!	S	22	♑		☺~~⌛~~	M	22	♒		✓
F	23	♏		!	M	23	♑		☺~~⌛~~	D	23	♒		✓
S	24	♐			D	24	♑		☺~~⌛~~	F	24	♓		~~OP⌛~~
S	25	♐			M	25	♒		✓	S	25	♓	🌕 11.46	~~OP⌛~~
M	26	♑		~~OP⌛~~☺	D	26	♒		~~OP⌛~~	S	26	♈		~~OP⌛~~⌛
D	27	♑	🌕 12.20	~~OP⌛~~	F	27	♓	🌕 00.46	~~OP⌛~~	M	27	♈		⌛
M	28	♑		~~OP⌛~~	S	28	♓		~~OP⌛~~	D	28	♉		~~⌛~~
D	29	♒		Z	S	29	♈			M	29	♉		~~⌛~~
F	30	♒		Z	M	30	♈			D	30	♊		
S	31	♓		☯	D	31	♈							

OKTOBER-1999					NOVEMBER-1999					DEZEMBER-1999				
Tag	Datum	Tierkreiszeichen	Mondphase	Tätigkeit	Tag	Datum	Tierkreiszeichen	Mondphase	Tätigkeit	Tag	Datum	Tierkreiszeichen	Mondphase	Tätigkeit
F	1	♊	○		M	1	♌	☾	⌛	M	1	♍	☾	💧➩
S	2	♋	☾	➩	D	2	♌		⌛	D	2	♎		⊙
S	3	♋		➩	M	3	♍		💧➩	F	3	♎		⊙
M	4	♌		⌛	D	4	♍		💧➩	S	4	♎		⊙
D	5	♌		⌛	F	5	♎		⊙	S	5	♏		
M	6	♍		💧➩	S	6	♎		⊙	M	6	♏		~~OP~~
D	7	♍		💧➩	S	7	♏		~~OP~~	D	7	♐	● 23.31	~~OP⧗~~
F	8	♍		~~OP~~💧➩	M	8	♏	● 04.54	~~OP⧗~~	M	8	♐		~~OP⧗~~
S	9	♎	● 12.38	~~OP⧗~~	D	9	♏		~~OP⧗~~	D	9	♐		
S	10	♎		~~OP⧗~~	M	10	♐			F	10	♑		~~⧗~~
M	11	♏		!	D	11	♐			S	11	♑		~~⧗~~
D	12	♏		!	F	12	♑		~~⧗~~	S	12	♒		✓
M	13	♏		!	S	13	♑		~~⧗~~	M	13	♒		✓
D	14	♐			S	14	♑		~~⧗~~	D	14	♒		✓
F	15	♐			M	15	♒		✓	M	15	♓		☯
S	16	♑		~~⧗~~	D	16	♒	☽	✓	D	16	♓	☽	☯
S	17	♑	☽	☺~~⧗~~	M	17	♓		☯	F	17	♈		
M	18	♑		☺~~⧗~~	D	18	♓		☯	S	18	♈		
D	19	♒		✓	F	19	♓		☯	S	19	♉		~~⧗~~
M	20	♒		✓	S	20	♈			M	20	♉		~~⧗~~
D	21	♓		☯	S	21	♈			D	21	♊		~~OP⧗~~
F	22	♓		☯	M	22	♉		~~OP⧗~~	M	22	♊	○ 18.31	~~OP⧗~~
S	23	♈		~~OP⧗~~	D	23	♉	○ 08.05	~~OP⧗~~	D	23	♋		~~OP⧗~~
S	24	♈	○ 22.01	~~OP⧗~~⌛	M	24	♊		~~OP⧗~~	F	24	♋		
M	25	♉		~~OP⧗~~	D	25	♊			S	25	♌		⌛
D	26	♉		~~⧗~~	F	26	♋			S	26	♌		⌛
M	27	♊			S	27	♋			M	27	♍		
D	28	♊			S	28	♌		⌛	D	28	♍		
F	29	♋			M	29	♌		⌛	M	29	♍	☾	💧➩
S	30	♋			D	30	♍	☾	💧➩	D	30	♎		⊙
S	31	♌	☾	⌛						F	31	♎		⊙

JANUAR-2000					FEBRUAR-2000					MÄRZ-2000				
Tag	Datum	Tierkreiszeichen	Mondphase	Tätigkeit	Tag	Datum	Tierkreiszeichen	Mondphase	Tätigkeit	Tag	Datum	Tierkreiszeichen	Mondphase	Tätigkeit
S	1	♏	☾		D	1	♐	☾	⧗➩	M	1	♑	☾	💧~~Z~~
S	2	♏			M	2	♑		💧~~Z~~	D	2	♑		💧~~Z~~
M	3	♐		⧗➩	D	3	♑		💧~~Z~~	F	3	♒		Z
D	4	♐		⧗➩	F	4	♑		~~OPZ~~💧	S	4	♒		Z
M	5	♐		~~OP⧗➩~~	S	5	♒	● 14.00	~~OPZ~~	S	5	♓		~~OP~~
D	6	♑	● 19.12	~~OPZ~~	S	6	♒		~~OPZ~~	M	6	♓	● 06.13	~~OPZ~~
F	7	♑		~~OPZ~~	M	7	♓		☯	D	7	♓		~~OP~~
S	8	♒		✓	D	8	♓		☯	M	8	♈		⚹
S	9	♒		✓	M	9	♓		☯	D	9	♈		⚹
M	10	♒		✓	D	10	♈		⚹	F	10	♉		⚹ ~~Z~~
D	11	♓		☯	F	11	♈		⚹	S	11	♉		⚹~~Z~~
M	12	♓		☯	S	12	♉		⚹~~Z~~	S	12	♊		⚹
D	13	♈		⚹	S	13	♉	☽	~~Z~~	M	13	♊	☽	
F	14	♈	☽		M	14	♊			D	14	♋		
S	15	♈			D	15	♊			M	15	♋		
S	16	♉		~~Z~~	M	16	♋			D	16	♌		✂
M	17	♉		~~Z~~	D	17	♋			F	17	♌		
D	18	♊			F	18	♌		~~OPZ~~	S	18	♌		
M	19	♊			S	19	♌	○ 17.28	~~OPZ~~⧗	S	19	♍		~~OPZ~~
D	20	♋		~~OPZ~~	S	20	♍		~~OPZ~~	M	20	♍	○	~~OPZ~~
F	21	♋	○ 05.41	~~OPZ~~	M	21	♍			D	21	♎	05.46	~~OPZ~~
S	22	♌		~~OPZ~~⧗	D	22	♎		⊙	M	22	♎		⊙
S	23	♌		~~Z~~⧗	M	23	♎		⊙	D	23	♏		
M	24	♍			D	24	♎		⊙	F	24	♏		
D	25	♍			F	25	♏			S	25	♐		⧗
M	26	♎		⊙	S	26	♏			S	26	♐		⧗
D	27	♎		⊙	S	27	♐	☾	⧗➩	M	27	♐		⧗
F	28	♏	☾		M	28	♐		⧗➩	D	28	♑	☾	💧~~Z~~
S	29	♏			D	29	♐		⧗➩	M	29	♑		💧~~Z~~
S	30	♏								D	30	♒		Z
M	31	♐		⧗➩						F	31	♒		Z

APRIL-2000					MAI-2000					JUNI-2000				
Tag	Datum	Tierkreiszeichen	Mondphase	Tätigkeit	Tag	Datum	Tierkreiszeichen	Mondphase	Tätigkeit	Tag	Datum	Tierkreiszeichen	Mondphase	Tätigkeit
S	1	♒	☾	Z	M	1	♓	☾	☯	D	1	♉	☾	~~OPZ~~💧
S	2	♓		☯	D	2	♈		⧗	F	2	♊	● 13.13	~~OPZ~~✕
M	3	♓		~~OP~~	M	3	♈		~~OP~~⧗	S	3	♊		~~OP~~✕
D	4	♈	● 19.08	~~OPZ~~✕	D	4	♉	● 05.11	~~OPZ~~	S	4	♋		✕
M	5	♈		~~OPZ~~✕	F	5	♉		~~OPZ~~	M	5	♋		✕
D	6	♉		~~Z~~✕	S	6	♊		✕	D	6	♌		✂
F	7	♉		~~Z~~✕	S	7	♊		✕	M	7	♌		
S	8	♊		✕	M	8	♋		✕	D	8	♍		
S	9	♊		✕	D	9	♋		✕	F	9	♍	☽	
M	10	♊		✕	M	10	♌	☽	✂	S	10	♎		
D	11	♋	☽		D	11	♌			S	11	♎		
M	12	♋			F	12	♍			M	12	♎		
D	13	♌		✂	S	13	♍			D	13	♏		!
F	14	♌			S	14	♎			M	14	♏		!
S	15	♍			M	15	♎			D	15	♐		~~OPZ~~
S	16	♍			D	16	♎			F	16	♐	○ 23.27	~~OPZ~~⧗
M	17	♎		~~OPZ~~	M	17	♏		~~OPZ~~	S	17	♐		~~OPZ~~⧗
D	18	♎	○ 18.44	~~OPZ~~	D	18	♏	○ 08.37	~~OPZ~~	S	18	♑		~~Z~~
M	19	♏		~~OPZ~~	F	19	♐		~~OPZ~~	M	19	♑		~~Z~~
D	20	♏			S	20	♐		⧗	D	20	♒		Z
F	21	♏			S	21	♐		⧗	M	21	♒		Z
S	22	♐		⧗	M	22	♑		~~Z~~	D	22	♒		Z
S	23	♐		⧗	D	23	♑		~~Z~~	F	23	♓		☯
M	24	♑		~~Z~~	M	24	♒		Z	S	24	♓		☯
D	25	♑		~~Z~~	D	25	♒		Z	S	25	♈	☾	⧗
M	26	♑	☾	💧~~Z~~	F	26	♒	☾	Z	M	26	♈		⧗
D	27	♒		Z	S	27	♓		☯	D	27	♈		⧗
F	28	♒		Z	S	28	♓		☯	M	28	♉		💧~~Z~~
S	29	♓		☯	M	29	♈		⧗	D	29	♉		💧~~Z~~
S	30	♓		☯	D	30	♈		⧗	F	30	♊		
					M	31	♉		💧~~Z~~					

JULI-2000					AUGUST-2000					SEPTEMBER-2000				
Tag	Datum	Tierkreiszeichen	Mondphase	Tätigkeit	Tag	Datum	Tierkreiszeichen	Mondphase	Tätigkeit	Tag	Datum	Tierkreiszeichen	Mondphase	Tätigkeit
S	1	♊	🌑 20.18	OP✗ ⌛✗ ✂✗	D	1	♌	🌑	OP✗	F	1	♎	🌑	
S	2	♋		OP✗ ✂✗	M	2	♍			S	2	♎		
M	3	♋		✂✗	D	3	♍			S	3	♏		!
D	4	♌		✂	F	4	♎			M	4	♏		!
M	5	♌			S	5	♎			D	5	♐	☽	
D	6	♍			S	6	♏		!	M	6	♐		
F	7	♍			M	7	♏	☽	!	D	7	♐		
S	8	♎	☽		D	8	♏		!	F	8	♑		☺ ⌛✗
S	9	♎			M	9	♐			S	9	♑		☺ ⌛✗
M	10	♏		!	D	10	♐			S	10	♒		✓
D	11	♏		!	F	11	♑		☺ ⌛✗	M	11	♒		✓
M	12	♏		!	S	12	♑		☺ ⌛✗	D	12	♒		OP✗ ⌛✗
D	13	♐			S	13	♑		☺ ⌛✗	M	13	♓	🌕 20.34	OP✗ ⌛✗
F	14	♐			M	14	♒		OP✗ ⌛✗	D	14	♓		OP✗ ⌛✗
S	15	♑		OP✗ ⌛✗	D	15	♒	🌕 06.09	OP✗ ⌛✗	F	15	♈		⌛
S	16	♑	🌕 14.53	OP✗ ⌛✗	M	16	♓		OP✗ ⌛✗	S	16	♈		⌛
M	17	♑		OP✗ ⌛✗	D	17	♓		☯	S	17	♉		⌛✗
D	18	♒		Z	F	18	♓		☯	M	18	♉		⌛✗
M	19	♒		Z	S	19	♈		⌛	D	19	♉		⌛✗
D	20	♓		☯	S	20	♈		⌛	M	20	♊		
F	21	♓		☯	M	21	♉		⌛✗	D	21	♊	☾	
S	22	♓		☯	D	22	♉	☾	💧 ⌛✗	F	22	♋		➩
S	23	♈		⌛	M	23	♊			S	23	♋		➩
M	24	♈	☾	⌛	D	24	♊			S	24	♌		⌛
D	25	♉		💧 ⌛✗	F	25	♋		➩	M	25	♌		⌛
M	26	♉		💧 ⌛✗	S	26	♋		➩	D	26	♍		OP✗ 💧
D	27	♊			S	27	♌		⌛	M	27	♍	🌑 20.53	OP✗ ⌛✗
F	28	♊			M	28	♌		OP✗ ⌛	D	28	♎		OP✗
S	29	♋			D	29	♍	🌑 11.22	OP✗ ⌛✗	F	29	♎		⊙
S	30	♋		OP✗	M	30	♍		OP✗ ⌛✗	S	30	♏		!
M	31	♌	🌑 03.25	OP✗ ⌛✗	D	31	♍							

	OKTOBER-2000					NOVEMBER-2000					DEZEMBER-2000			
Tag	Datum	Tierkreiszeichen	Mondphase	Tätigkeit	Tag	Datum	Tierkreiszeichen	Mondphase	Tätigkeit	Tag	Datum	Tierkreiszeichen	Mondphase	Tätigkeit
S	1	♏	●	!	M	1	♑	●	~~⧗~~	F	1	♒	●	
M	2	♐			D	2	♑		~~⧗~~	S	2	♒		
D	3	♐			F	3	♑		~~⧗~~	S	3	♒		✓
M	4	♐			S	4	♒	☽	✓	M	4	♓	☽	☯
D	5	♑	☽	☺~~⧗~~	S	5	♒		✓	D	5	♓		☯
F	6	♑		☺~~⧗~~	M	6	♓		☯	M	6	♈		
S	7	♒		✓	D	7	♓		☯	D	7	♈		
S	8	♒		✓	M	8	♓		☯	F	8	♉		~~⧗~~
M	9	♒		✓	D	9	♈			S	9	♉		~~⧗~~
D	10	♓		☯	F	10	♈		~~OPZ~~	S	10	♉		~~OPZ~~
M	11	♓		☯	S	11	♉	○ 22.14	~~OPZ~~	M	11	♊	○ 10.00	~~OPZ~~
D	12	♈		~~OPZ~~	S	12	♉		~~OPZ~~	D	12	♊		~~OPZ~~
F	13	♈	○ 09.48	~~OPZ⌛~~	M	13	♊			M	13	♋		
S	14	♈		~~OPZ⌛~~	D	14	♊			D	14	♋		
S	15	♉		~~⧗~~	M	15	♋			F	15	♌		⌛
M	16	♉		~~⧗~~	D	16	♋			S	16	♌		⌛
D	17	♊			F	17	♌		⌛	S	17	♍		
M	18	♊			S	18	♌	☾	⌛	M	18	♍	☾	💧➩
D	19	♋			S	19	♍		💧➩	D	19	♎		⊙
F	20	♋	☾	➩	M	20	♍		💧➩	M	20	♎		⊙
S	21	♌		⌛	D	21	♎		⊙	D	21	♏		
S	22	♌		⌛	M	22	♎		⊙	F	22	♏		
M	23	♍		💧➩	D	23	♎		⊙	S	23	♐		⌛➩
D	24	♍		💧➩	F	24	♏			S	24	♐		⌛➩
M	25	♎		⊙	S	25	♏		~~OP~~	M	25	♐		~~OP⌛➩~~
D	26	♎		~~OP~~	S	26	♐	● 00.11	~~OPZ~~	D	26	♑	● 18.22	~~OPZ~~
F	27	♎	● 09.01	~~OPZ~~	M	27	♐		~~OP~~	M	27	♑		~~OPZ~~
S	28	♏		!~~OP~~	D	28	♐		~~⧗~~	D	28	♒		✓
S	29	♏		!	M	29	♑		~~⧗~~	F	29	♒		✓
M	30	♐			D	30	♑		~~⧗~~	S	30	♒		✓
D	31	♐								S	31	♓		☯

JANUAR-2001				
Tag	Datum	Tierkreiszeichen	Mondphase	Tätigkeit
M	1	♓	🌑	☯
D	2	♈	☽	
M	3	♈		
D	4	♈		
F	5	♉		~~Z~~
S	6	♉		~~Z~~
S	7	♊		
M	8	♊		~~OPZ~~
D	9	♋	🌕 21.24	~~OPZ~~
M	10	♋		~~OPZ~~
D	11	♌		⧗
F	12	♌		⧗
S	13	♍		⧗
S	14	♍		
M	15	♎		⊙
D	16	♎	☾	⊙
M	17	♏		
D	18	♏		
F	19	♏		
S	20	♐		⧗ ➩
S	21	♐		⧗ ➩
M	22	♑		💧~~Z~~
D	23	♑		~~OPZ~~💧
M	24	♑	🌑 14.07	~~OPZ~~
D	25	♒		~~OP~~
F	26	♒		✓
S	27	♓		☯
S	28	♓		☯
M	29	♓		☯
D	30	♈		⚹
M	31	♈		⚹

FEBRUAR-2001				
Tag	Datum	Tierkreiszeichen	Mondphase	Tätigkeit
D	1	♉	☽	~~Z~~
F	2	♉		~~Z~~
S	3	♊		
S	4	♊		
M	5	♋		
D	6	♋		
M	7	♋		~~OPZ~~
D	8	♌	🌕 08.09	~~OPZ⧗~~
F	9	♍		~~OPZ~~
S	10	♍		
S	11	♎		⊙
M	12	♎		⊙
D	13	♎		⊙
M	14	♏		
D	15	♏	☾	
F	16	♐		⧗ ➩
S	17	♐		⧗ ➩
S	18	♑		💧
M	19	♑		💧~~Z~~
D	20	♑		💧~~Z~~
M	21	♒		Z
D	22	♒		~~OP~~
F	23	♓	🌑 09.19	~~OPZ~~
S	24	♓		~~OP~~
S	25	♓		☯
M	26	♈		⚹
D	27	♈		⚹
M	28	♉		⚹

MÄRZ-2001				
Tag	Datum	Tierkreiszeichen	Mondphase	Tätigkeit
D	1	♉	🌑	⚹~~Z~~
F	2	♉	🌑	⚹~~Z~~
S	3	♊	☽	
S	4	♊		
M	5	♋		
D	6	♋		
M	7	♌		✂
D	8	♌		~~OPZ~~
F	9	♍	🌕 18.24	~~OPZ~~
S	10	♍		~~OPZ~~
S	11	♎		⊙
M	12	♎		⊙
D	13	♏		
M	14	♏		
D	15	♐		⧗
F	16	♐	☾	⧗ ➩
S	17	♐		⧗ ➩
S	18	♑		💧~~Z~~
M	19	♑		💧~~Z~~
D	20	♒		Z
M	21	♒		Z
D	22	♒		Z
F	23	♓		☯
S	24	♓		~~OP~~
S	25	♈	🌑 02.19	~~OPZ⚹~~
M	26	♈		~~OP⚹~~
D	27	♈		⚹
M	28	♉		⚹~~Z~~
D	29	♉		⚹~~Z~~
F	30	♊	☾	⧗
S	31	♊		

APRIL-2001

Tag	Datum	Tierkreiszeichen	Mondphase	Tätigkeit
S	1	♋	☽	
M	2	♋		
D	3	♌		✂
M	4	♌		
D	5	♍		
F	6	♍		
S	7	♎		~~OPZ~~
S	8	♎	○ 04.24	~~OPZ~~
M	9	♏		~~OPZ~~
D	10	♏		
M	11	♏		
D	12	♐		⧗
F	13	♐	KARFREIT.	⧗
S	14	♑		~~⧗~~
S	15	♑	☾	💧~~⧗~~
M	16	♑	OSTERMO.	💧~~⧗~~
D	17	♒		Z
M	18	♒		Z
D	19	♓		☯
F	20	♓		☯
S	21	♓		☯
S	22	♈		~~OP~~⧗
M	23	♈	● 16.22	~~OPZ~~~~X~~
D	24	♉		~~OPZ~~~~X~~
M	25	♉		~~⧗~~ ~~X~~
D	26	♊		~~X~~
F	27	♊		~~X~~
S	28	♋		~~X~~
S	29	♋		~~X~~
M	30	♌		✂

MAI-2001

Tag	Datum	Tierkreiszeichen	Mondphase	Tätigkeit
D	1	♌	☽	
M	2	♌		
D	3	♍		
F	4	♍		
S	5	♎		
S	6	♎		~~OPZ~~
M	7	♏	○ 14.57	~~OPZ~~
D	8	♏		~~OPZ~~
M	9	♐		⧗
D	10	♐		⧗
F	11	♑		~~⧗~~
S	12	♑		~~⧗~~
S	13	♑		~~⧗~~
M	14	♒		Z
D	15	♒	☾	Z
M	16	♓		☯
D	17	♓		☯
F	18	♓		☯
S	19	♈		⧗
S	20	♈		⧗
M	21	♉		💧~~⧗~~
D	22	♉		~~OPZ~~💧
M	23	♊	● 3.45	~~OPZ~~~~X~~
D	24	♊		~~OP~~~~X~~
F	25	♊		~~X~~
S	26	♋		~~X~~
S	27	♋		~~X~~
M	28	♌		✂
D	29	♌	☽	
M	30	♍		
D	31	♍		

JUNI-2001

Tag	Datum	Tierkreiszeichen	Mondphase	Tätigkeit
F	1	♎	☽	
S	2	♎		
S	3	♏		!
M	4	♏	PFINGSTM.	!
D	5	♐		~~OPZ~~
M	6	♐	○ 02.40	~~OPZ~~⧗
D	7	♐		~~OPZ~~⧗
F	8	♑		~~⧗~~
S	9	♑		~~⧗~~
S	10	♒		Z
M	11	♒		Z
D	12	♒		Z
M	13	♓		☯
D	14	♓	☾	☯
F	15	♈		⧗
S	16	♈		⧗
S	17	♈		⧗
M	18	♉		💧~~⧗~~
D	19	♉		💧~~⧗~~
M	20	♊		~~OP~~
D	21	♊	● 12.55	~~OPZ~~~~X~~
F	22	♋		~~OP~~~~X~~
S	23	♋		~~X~~
S	24	♌		✂
M	25	♌		
D	26	♍		
M	27	♍		
D	28	♎	☽	
F	29	♎		
S	30	♏		!

JULI-2001				
Tag	Datum	Tierkreiszeichen	Mondphase	Tätigkeit
S	1	♏	☽	!
M	2	♏		!
D	3	♐		
M	4	♐		~~OPZ~~
D	5	♑	○ 16.05	~~OPZ~~
F	6	♑		~~OPZ~~
S	7	♒		
S	8	♒		Z
M	9	♒		Z
D	10	♓		☯
M	11	♓		☯
D	12	♓		☯
F	13	♈	☾	
S	14	♈		💧
S	15	♉		💧~~⌛~~
M	16	♉		💧~~⌛~~
D	17	♊		
M	18	♊		
D	19	♋		~~OP~~
F	20	♋	● 20.41	~~OPZ✂~~
S	21	♌		~~OP✂~~
S	22	♌		
M	23	♍		
D	24	♍		
M	25	♎		
D	26	♎		
F	27	♎	☽	
S	28	♏		!
S	29	♏		!
M	30	♐		
D	31	♐		

AUGUST-2001				
Tag	Datum	Tierkreiszeichen	Mondphase	Tätigkeit
M	1	♑	☽	☺~~⌛~~
D	2	♑		☺~~⌛~~
F	3	♑		~~OPZ~~☺
S	4	♒	○ 06.56	~~OPZ~~
S	5	♒		~~OPZ~~
M	6	♓		☯
D	7	♓		☯
M	8	♓		☯
D	9	♈		⌛
F	10	♈		⌛
S	11	♉		~~⌛~~
S	12	♉	☾	💧~~⌛~~
M	13	♉		💧~~⌛~~
D	14	♊		
M	15	♊		
D	16	♋		➯
F	17	♋		➯
S	18	♌		~~OP~~
S	19	♌	● 03.54	~~OPZ~~
M	20	♍		~~OP~~
D	21	♍		
M	22	♎		
D	23	♎		
F	24	♏		!
S	25	♏	☽	!
S	26	♐		
M	27	♐		
D	28	♐		
M	29	♑		☺~~⌛~~
D	30	♑		☺~~⌛~~
F	31	♒		✓

SEPTEMBER-2001				
Tag	Datum	Tierkreiszeichen	Mondphase	Tätigkeit
S	1	♒	☽	~~OPZ~~
S	2	♒	○ 22.43	~~OPZ~~
M	3	♓		~~OPZ~~
D	4	♓		☯
M	5	♈		⌛
D	6	♈		⌛
F	7	♈		
S	8	♉		~~⌛~~
S	9	♉		~~⌛~~
M	10	♊	☾	
D	11	♊		
M	12	♋		➯
D	13	♋		➯
F	14	♌		
S	15	♌		
S	16	♍		~~OP~~●➯
M	17	♍	● 11.27	~~OPZ~~
D	18	♎		~~OP~~
M	19	♎		
D	20	♏		!
F	21	♏		!
S	22	♐		
S	23	♐		
M	24	♐	☽	
D	25	♑		☺~~⌛~~
M	26	♑		☺~~⌛~~
D	27	♒		✓
F	28	♒		✓
S	29	♒		✓
S	30	♓		☯

OKTOBER-2001					NOVEMBER-2001					DEZEMBER-2001				
Tag	Datum	Tierkreiszeichen	Mondphase	Tätigkeit	Tag	Datum	Tierkreiszeichen	Mondphase	Tätigkeit	Tag	Datum	Tierkreiszeichen	Mondphase	Tätigkeit
M	1	♓	☽	~~OPZ~~	D	1	♉	○	~~OPZ~~	S	1	♊	○	~~OPZ~~
D	2	♈	○	~~OPZ~~⌛				06.39		S	2	♊		
			14.46		F	2	♉		~~OPZ~~	M	3	♋		
M	3	♈		~~OPZ~~⌛	S	3	♊			D	4	♋		
D	4	♈		⌛	S	4	♊			M	5	♌		⌛
F	5	♉		⧖	M	5	♊			D	6	♌		⌛
S	6	♉		⧖	D	6	♋			F	7	♍	☾	💣➾
S	7	♊			M	7	♋			S	8	♍		💣➾
M	8	♊			D	8	♌	☾		S	9	♎		⊙
D	9	♋			F	9	♌			M	10	♎		⊙
M	10	♋	☾	➾	S	10	♍		💣➾	D	11	♏		
D	11	♋		➾	S	11	♍		💣➾	M	12	♏		
F	12	♌			M	12	♎		⊙	D	13	♏		~~OP~~
S	13	♌			D	13	♎		⊙	F	14	♐	●	~~OPZ~~
S	14	♍		💣➾	M	14	♏		~~OP~~				21.48	
M	15	♍		~~OP~~💣➾	D	15	♏	●	~~OPZ~~	S	15	♐		~~OPZ~~
D	16	♎	●	~~OPZ~~				07.44		S	16	♑		⧖
			20.25		F	16	♐		~~OPZ~~	M	17	♑		⧖
M	17	♎		~~OP~~⊙	S	17	♐			D	18	♒		✓
D	18	♏		!	S	18	♐			M	19	♒		✓
F	19	♏		!	M	19	♑		⧖	D	20	♒		✓
S	20	♐			D	20	♑		⧖	F	21	♓		☯
S	21	♐			M	21	♒		✓	S	22	♓	☽	☯
M	22	♑		⧖	D	22	♒		✓	S	23	♈		
D	23	♑		⧖	F	23	♓	☽	☯	M	24	♈		
M	24	♑	☽	☺⧖	S	24	♓		☯	D	25	♈	1. WEICHN.	
D	25	♒		✓	S	25	♓		☯	M	26	♉		⧖
F	26	♒		✓	M	26	♈			D	27	♉		⧖
S	27	♓		☯	D	27	♈			F	28	♊		
S	28	♓		☯	M	28	♉		⧖	S	29	♊		~~OPZ~~
M	29	♓		☯	D	29	♉		~~OPZ~~	S	30	♋	○	~~OPZ~~
D	30	♈			F	30	♉	○	~~OPZ~~				11.36	
M	31	♈		~~OPZ~~				21.48		M	31	♋		~~OPZ~~